人見絹枝
不滅のランナー

田中良子 著

出典 WIKIMEDIA COMMONS:Sport, Olympische Spelen Amsterdam, 1928 : De Japanse athlete Kinue Hitomi in actie tijdens de 800 meter hardlopen (vrouwen). Ze won zilver.

右文書院

まえがき

　1928年（昭和3）第9回アムステルダムオリンピック大会において、女子の参加が初めて認められた。その画期的な大会の日本女子代表選手が「人見絹枝」である。

　人見絹枝といえば、この大会の800mで死闘の末、銀メダルを獲得したことをご記憶の方も多いであろう。女子初参加で初メダル、2着ではあったが1着と共に世界記録を樹立した。あれからおよそ100年、2020年には2回目の東京オリンピックが開催される。今度こそ、オリンピックの女子トラック種目（マラソン・競歩を除く）で、彼女に次ぐメダルを手にする選手が出現すればこれ程嬉しいことはない。そのために、人見絹枝のたどってきた道を振り返り、彼女の陸上競技の目的、実践方向や態度、精神的なあり方などを、描きたいと思う。参考にしていただけたらとの願いを秘め、女子選手の活躍を心から期待したい。

　加えて彼女の業績をあげると、日本陸上競技界で初めて世界記録を誕生させた選手は男女問わず人見絹枝だけである。1924年10月第3回岡山県女子体育大会でホ・ス・ジャンプ（当時、三段跳の名はなかった）の世界記録をだした。日本での陸上競技初の世界記録とあって大阪毎日、大阪朝日の両新聞社や岡山の新聞にも大きくとりあげられ、多くの人に驚きと喜びをもたらした。以後、世界記録を1924～29年の5年間に100m、走幅跳ほか、6種目にわたり誕生させた。まさしく天才といえる選手だ。

　1920年代は大正デモクラシーと言われ、女子が自発的に活

動をし始めた時代である、とはいえ、女子が素肌で足を見せて走る姿は、世間からの非難もあった。それでも運動に親しみ、陸上においても選手が急増していくことは止められなかった。日本女子陸上競技の草創期である。人見はオリンピックや世界女子競技会に、3回海外遠征し、アジア人の代表として世界に示し、日本の存在を確かなものにした。そこで得たことは、海外から日本を客観的に見て異文化を吸収することであった。どのような人間的な飛躍をするのか、その内容はどのようなものだったのか。そして、人見が考えた世界記録とは何か、世界記録を持つ選手はどのような選手であるべきかなど、足跡をたどり、明らかにしたい。

　そして彼女が描いた目的に向かって努力の途半ば、24歳という若さでこの世を駆け抜けて逝ってしまった。残された課題などから、後に続く女子選手や指導者は、何をどのように学び、どのように引き継いでいけばよいのか、共に考えたい。

　彼女の理想と目標は、現在も未来へ続く不滅の課題として存在し、道標であると考える。それに命をかけて進んだ人見絹枝を「不滅のランナー」と名付けたが、不滅とは何か、を探りあてることによって後輩への道が拡がり、光が射すことを期待するものである。

目　　次

まえがき ──────────────────── (1)

第1章　　生を受けて
　　1　生い立ちと家族 ──────────────── 1
　　2　小学校から県立岡山高等女学校時代 ─────── 8
　　　小学校時代　　高等女学校時代　　テニスへの道
　　　陸上競技との出会い　　岡山高等女学校から得たもの　　女として

　　3　二階堂トクヨの許へ ─────────────── 22
　　　二階堂トクヨ　　二階堂体操塾　　トクヨの影響
　　　体育に対する考え方の大転換と留学　　トクヨから学んだこと　　林良斎への尊敬と思慕

第2章　　未来を見つめての出発
　　1　新聞記者として社会へ ───────────── 33
　　　京都府立第一高等女学校から二階堂体操塾へカムバック　　大阪毎日新聞社へ入社
　　2　海外初遠征、第2回世界女子競技イエテボリ大会
　　　　（2nd Women's World Games）──────── 37
　　　開会式　　競技開始　　賞品授与式　　さよならパーティー　　人見選手の印象と現地新聞評

    3　人見絹枝にとっての世界記録の意識 ────── 47
　　　人見の飛躍　　世界記録の意識

第3章　　世界的な交流
　　1　第9回アムステルダムオリンピック
　　　　　　100m まさかの予選落ち ────── 51
　　　オリンピック女子初参加　　第5回日本女子オ
　　　リンピック　　オリンピック派遣選手決定大会
　　　オリンピック・アムステルダム大会　　開会式
　　　競技開始　　100m準決勝、まさかの敗退

　　2　800mの死闘 ─────────────── 61
　　　800m予選　　800m決勝の日　　死闘の800m
　　　勝者を讃えての国旗掲揚　　女子800mの波紋
　　　オリンピック種目から除外　　その後の種目

　　3　極度のスランプ ──────────────── 70
　　　スランプに直面　　明るい光を求めて　　「ツェッ
　　　ペリン伯号」着船でラトケ選手と手紙交換

第4章　　一人はみんなのために、
　　　　　　　　　　　　みんなは一人のために
　　1　苦闘と闘う ──────────────── 77
　　　派遣費用捻出の苦闘　　日本女子スポーツ連盟の
　　　役員総会開催　　選手派遣費用の捻出方法　　プ
　　　ラハへ代表を送るという人見の考え　　第7回日
　　　本女子オリンピック大会兼第3回世界女子競技会
　　　予選会開催　　代表選手決定　　悩みは、果てし
　　　なく　　一人はみんなのために、みんなは一人のために

2　憧れの第3回世界女子競技会プラハ大会へ ── 85
　　　出発準備　　プラハへ出発　　旅のつれづれ
　　　胸躍るプラハへ到着　　体重減量作戦　　チェコ
　　　スロバキア選手と鋭気を高める親睦会　　開会式
　　　競技開始　　午後の競技開始　　賞品授与式

　　3　チェコ国民の応援と固い絆を得て ──────── 100
　　　チェコスロバキア新聞記事から　　チェコの新聞
　　　記者の取材から―人見絹枝との会話　　チェコ国
　　　民の日本人に対する歓迎の心に刻まれているもの
　　　　　第3回大会のスター、スタニスラヴァー・ワラ
　　　セヴィチの死

第5章　　人見絹枝逝く
　　1　病に倒れる ───────────────── 111
　　　大会終了後、各国転戦　　ポーランド戦　　ドイ
　　　ツ戦　　ベルギー戦　　フランス戦　　帰国の途
　　　故国からの手紙　　人見選手の体質と気力　　派遣
　　　費募金のお礼と講演会　　藤村蝶と下宿の引っ越し
　　　　蝶・みや姉妹とのいさかい　　絹枝と蝶との友
　　　情　　病に臥す

　　2　壮絶な死 ─────────────────── 123
　　　人見の病状　　藤村蝶の献身的な看病　　臨終
　　　社葬　　弔文　　木下東作博士

　　3　体育・スポーツ界へ巻き起こした旋風 ─────── 133
　　　専門家の意見　　人見絹枝の死について

日本とチェコの「人見絹枝」・女性スポーツ支持者
懇談会
―――――――――――――――――― 143
　　　開催経緯　　懇談会　　人見絹枝の記念碑設立

参考文献 ―――――――――――――――― 155

あとがき ―――――――――――――――― 165

第1章
生を受けて

1. 生い立ちと家族

　人見絹枝は1907年（明治40）1月1日、瀬戸内海に面する温暖な岡山県御津郡福浜村（現、岡山市南区福成）で米と藺草(いぐさ)で生計を立てていた農家、人見家の次女として産声をあげた。この地域で人見は、春は水田に入り蛙をとったり、羽の生えそろわないひばりの子を捕って軒下につるしたり、田圃や畑を縦横無尽に駆け回り、奇想天外なことをしてはよく叱られるお転婆な子供だった。夏になると、まくわ瓜やスイカがごろごろ見え出し、祖父と畑の中で「番」をしによくでかけた。秋は、男の子たちといなごとり競争、長閑な環境の中で、活発に体を動かし伸び伸びと育った。

　父　猪作は1881年（明治14）生まれ、まだ電気がない時代であり、小さい時から、朝早起き遅くまで田や畑で働き、夜は種油をカンテラの丸行灯に入れての米挽き、縄づくりなど農作業の手伝いをした。大人も子どもも勤労第一主義の時代であり、誰もがよく働いた。学校に行く頃になると猪作は軍人になることを夢見ていた。兵隊には誰でもなれたが、格の異なる指揮官である軍人となると頭と体が良くなければなれなかった。猪作の軍人志望は、養子結婚までずっと変わらなかった。小学

校卒業後、高等小学校に入学すると、そこでベースボール（当時は野球という用語はなかった）をし、持ち前の運動神経を遺憾なく発揮した。やがて日清戦争が起きると、岡山からも戦争に召集されるようになり、約1年の戦闘ではあったが県内の戦死・戦病者は454名にも上った。その中には「死んでもラッパを口から離しませんでした」ということで有名になった、岡山県出身の木口小平もいた。彼は勇士として賛美され、戦前の修身教科書にも採りあげられたりした。猪作が日清・日露戦争からどのような影響を受けたかはわからないが、軍人志望の意志は変わらなかった。20歳になり徴兵検査を受け、身長5尺5寸5分（1m68cm）体重16貫（60kg）、体格の良さが検察官の目にとまり、学科試験を受験するよう勧められて騎兵甲種合格となる。1892年（明治25）の内閣統計局発表では、標準男子は身長5尺2寸5分（1m59cm）、体重15貫（56.3kg）で、女子は身長4尺8寸4分（1m47cm）、体重13貫（48.8kg）であった。

　猪作の夢が、現実になろうとしていた矢先、人見家から長女岸枝（絹枝の母）の婿養子にと強く懇望され、本家にあたる祖父の頼みでもあり、断ることが出来ない状況であったため、軍人の道をあきらめざるを得ず、止むなく結婚を承諾することにした。人見家が猪作を養子として迎える主な理由には、養祖父那須太の世話好きが人見家の収入を減らし、いき詰まった状態の建て直しをするためであった。猪作は結婚後、家計を養父に代わり担うことになった。采配は先ず、父祖伝来の田畑を売り負債の整理から手掛けてゆき、そのため自作農から小作農となった。この決断は今後、人見家の田畑を回復させて守るという強い決意によるものであったのだ。地主に収穫米を納入する

ために運搬するときや、小作人会へ出席する時などを通して、恥辱的な気持ちを一日も早く自作農になるよう一大奮起の覚悟を新たにしたという。「百姓の子どもは、百姓になるものだ」という学校教育の村に、新しい考え方が入ってくるようになると、「姉妹二人きりだ。これからの女の子には少しは学問もしておかねばはじまらぬ」と言い、農に親しむ以外何物もない村の先例を破り、やがて婿養子を迎えて家を継ぐ姉ではなく、妹の絹枝の方を岡山高等女学校に入学させた。家父長制の時代の父親の言葉は絶対であり、人見家を存続させ、繁栄させる責任は、父親が担っていた。家が安泰であるのは父親の力であり、家族がこれに協力して秩序を保ちつつ家を守っているという自覚でもある。

　猪作は「養子」ということで世間とうまく付き合えるかどうかも初めは心配であった。よそ者ということで排斥傾向が見られたりしたが、謙虚にふるまう猪作は次第に皆の中に溶け込み、信任を得るようになってゆき、青年団や消防団の役員に推されるまでになった。謹厳実直で誰からも好感をもたれると同時に、社会的関心も強く、人のために誠意ある態度で接している。前を向きへこたれない彼の積極的な実行力を持つ性格は、娘たちにも大きく影響を及ぼしている。

　祖父　那須太は、村の人たちの面倒をよくみる親切な人で、皆にとても優しかったといわれていた。ただ酒が好きで、酔うほどに酒に飲まれてしまう人だったという。そのような関係か、人見家の土地、財産は次第に減らさざるを得なかったようで、そんな経済状況の建て直しを図るため長女壽江に婿を取り、猪作が負債の整理などの采配を振るうようになったのである。

母　岸枝は、芯のしっかりした女性で、常に猪作を表に立たせ、裏方でしっかりと家庭を守るといった母であった。女性の仕事の家事、育児は勿論、農作業も猪作の片腕として切り盛りしてよく働く人であった。岸枝の身長は4尺7寸5分（約1m41cm）と小柄であった。絹枝は小さい頃から、体が大きい割には風邪をよく引くので、母は娘が強くなることをいつも考えて、女学校への通学には片道1里半（約6km）を毎日歩いて通わせ、寄宿舎に入ることを許さなかった。そのおかげもあってか絹枝は体格も大きくなり、辛いことも自分で乗り越える性格を身につけられるようになっていった。絹枝がテニスをやり始めると、岸枝は猪作が世間を気にしている気持ちを察して、人目につくラケットを持って帰ることを禁止していたが、絹枝が欲しがったラケットを買うときは、お金をソッと人目につかないように渡したりもしていた。テニスでよい成績を収めた時には、ひそかに氏神様に必ず行き、感謝のお参りをしていた。両親の子供に対する愛情は、表面とは異なる偽りのない強い深い愛情に包まれていた。

姉　壽江は1902年（明治35）に誕生した。とても聡明で学校の成績がよかった。絹枝の苦手な算術はいつも壽江に教えてもらっていた。母は、絹枝のお転婆で活発な振る舞いのお手本を姉におき、落ち着いた子供になるように祈っていた。絹枝は姉壽江を慕っていたし、壽江も絹枝を可愛がり、微笑ましい二人の姉妹であった。

　絹枝が世界記録を出し、社会でクローズアップされるようになってくると、やっかみ半分に「人見は男ではないか」とあらぬ噂を立てられ、興味本位に騒ぎ立てる世間の声に対して絹枝はその怒りを姉への手紙にしたためていた。それを壽江は、絹

枝の立場をしっかり守りながら励ましてやっていた。学業が優秀であったにも拘らず壽江の進学希望は父親に強く反対された。その理由は女性が高い学歴を持つと婿に来る人がいなくなってしまうという単純なものであった。壽江は父の言葉に従ったが、終生、上の学校に行きたかったという気持ちを捨てきれなかったと、壽江の娘、西美知子さんは筆者に話してくれた。「母は、働くことを唯一つの生きがいとしているような人で、普通の女の人がするような事には目もくれず、ひたすら働き続けた人でした。小学校の学校父母会などへ、お洒落もしない、お化粧もしない母に来てもらうのが恥ずかしくて、心にわだかまりを感じながらも私（美知子）の兄勇の嫁である鈴子さんに頼んできてもらいました。今、考えると母に対して自分の浅はかさを感じ、申し訳ない気持ちで一杯です」と悔いる気持ちを涙ながらに話してくれた。壽江は、そうした様々な困難や苦難に耐え、それを乗り越えた喜びを表現することはしないで、働く中でかみしめていたのであろう。また絹枝の成功を自分に重ね合わせて、喜びとしていたのではないだろうか。

　祖母　縫（ぬい）は、母方の祖母である。子供は長女、次女、三女の姉妹3人であった。主人を背後から支え、家庭を守ったという祖母の体格や気質は、母岸枝を通して絹枝にも伝わっている。縫と猪作とは叔母・甥の関係にあり、母岸枝と猪作はいとこの関係にあった。縫は酒癖の悪かった那須太の後始末を、文句も言わずに始末し、世話をした人であった。苦労をした人であるせいか、家族全員にやさしく、特に孫である絹枝に対しては眼に入れても痛くないというほどの可愛がり方で"おばあちゃんっ子"と言われてもおかしくないほどだった。身長は160cmもあり。足袋も11文（26cm）を履く、この時代の一

般女性としてはひときわ大柄な女性であった。そんな祖母の気質、体格を絹枝は最も受け継いでいたといえる。縫は絹枝に、運動より女性として茶道や華道の道をたしなむことを願っていた。裁縫で30点という低い点をとった時には、ラケットより裁縫の方が大切だと言い聞かせるのであった。絹枝が二階堂体操塾に行くようになって、腹痛、頭痛に襲われ、高熱が続き、病床に伏したことがあった。流行病が蔓延したこともあり、二階堂から「危篤」の電報を夜中にそれを受けた縫は、すぐに甲州身延山方向に端坐して2時間ほど念仏を唱え、「疲れた」と言って床に伏し、そのまま黄泉の国へと旅立ってしまった。祖母の死を絹枝が知ったのは、岡山の大会に出るため帰郷した時で、それからかなりの日数が経ってからで悲しみはそれだけにかえって深いものであった。

人見絹枝の生家(昭和6年)(左から)姉・壽江、母・岸枝、甥・勇、父・猪作

こうして絹枝は、祖父母、両親に姉と自分の6人の家族に見守らるという環境の下で、活発で積極的で、しかも我慢強い家族思いの子供へと成長した。絹枝の人生に大きな影響を与えたのは、女にも学問をという父親といえるが、それと共に、彼女は祖母の文学的な面や短歌の影響を受けてか、100首ほど詠んで残している。このような絹枝の体格や気質は、家系の遺伝的な関係を受け継いでいるように思われた。

2. 小学校から県立岡山高等女学校時代

小学校時代

　人見絹枝は、小学校へ1913年（大正2）、岡山県御津郡福浜尋常小学校尋常科に入学した。国語や社会が好きなのになぜか算数が嫌いで、その苦手意識は女学校まで続いた。小学校3年生までは、算数が嫌いといえどもクラスのトップの成績を収め級長もつとめた。4年生になると苦手な算数に分数が入り難しくなってくると、家に帰って姉壽江に涙を流しながら教わるのだった。体はぐんぐんと成長し、運動神経抜群であったことからも運動するのがとても好きになった。小さい頃から小学生ではまだ跳べない近くの用水路や小川をいとも簡単に跳び越えたり、好きな木登りは誰よりも早く登ったりしていたことは、やがて近所の評判になっていた。運動と同様読書も好きで、大人になっても読書欲は旺盛であったという。絹枝の死後、文学好きな彼女が自宅で読んだ多くの書物を現在の福浜小学校に、「人見文庫」(注1)として父猪作から寄贈されている。祖母の影響と思われる短歌は、6年時の担任の先生から感性の鋭い生徒と

人見絹枝の銅像（福浜小学校）

して指導を受け、亡くなるまで100首近く詠んでいる。

　福浜小学校の中庭には絹枝が微笑んで走っている姿の銅像があり、後輩を見守っている。小学校では、その偉大な功績を讃えて「人見絹枝に学ぶ」という学習テーマを設定し「何事にも粘り強く、どんな困難にも果敢にチャレンジする」絹枝の精神を「福浜っ子」に受け継ぐための活動がなされている。そのひとつに「人見絹枝物語」－短く燃えて走り抜いた生涯－（人見絹枝生誕100周年事業人見絹枝紙芝居制作実行委員会）の14枚の紙芝居の絵が、学校内の廊下に貼られ、そこを通る生徒をいつも励ましている。また、毎年2月になると「人見絹枝800m走大会」が開催され、1月半ば頃になると全校生徒が体力の準備をするという。大会当日は、2年生は2分17秒間を走り、3～6年生は「人見絹枝杯」を目指して200ｍグラウンドを4周走る。小学校1年生から6年生までの全校生徒が冬の寒い季節、頬を真っ赤にして絹枝が出したアムステルダム・オリンピックの「2分17秒6」という記録を目指すのである。福浜小学校2009年での800m記録は、男子2分38秒、女子2分43秒という。あれから10年近く経過した現在はどのような記録となっているだろうか。人見絹枝の足跡は、後輩に引き継がれている。

高等女学校時代

　1920年（大正9）、絹枝は岡山県立岡山高等女学校（現県立操山高等学校）に入学した。当時、女子進学熱の高まりの中で、この年の志願者は805名、そのうち合格者は205名、なんと3.93倍の合格率。その難関を見事に突破して合格した。この女学校に、絹枝の村から通うのは、同じ年頃では絹枝のみ

岡山高等女学校の校舎（「岡山操山高校百年史」より）

で隣村に1つ年上の人がいて、いつも二人で二本線のある海老茶色の袴をはき、意気揚々として通学するのであった。女学校までは母の思いやりで約6km（1里半）を徒歩で通った。女学校の入学許可書を受け取った時、父は絹枝を仏壇の前に呼び「お前も知っての通り、女学校にやるだけの資力はこの家にはない。百姓一つで勉強なんか考えない村中の人から、お前の学校に入学させたお父さんはいろいろな目で見られるに決まっている。しかし、家にはたいした金はなくともたった姉妹二人、これから先の四年間、ただしっかり勉強すればそれはお父さん初め、お母さんもみんな家中の者が喜ぶのだ。金を無駄にしないでしっかり勉強するのだ。」と入学の歓びとこれからの態度についての言葉があった。入学の歓びに感激していた絹枝はこの言葉に涙して心に誓ったのである。

　入学した1年のⅠ学期の成績は、県下の秀才が集まった中でクラスの上位を占めた。英語80点、歴史100点、講読90点。

しかし、あいかわらず数学のみが30点の落第点だった。

　岡山高女の応募者が多いのは、女学校に対する社会的な関心が強くなってきたことと共に、岡山高女の教育内容が多くの人を惹きつけたからに違いない。大正デモクラシーと呼ばれる時代にその流れを迎えて、これまでの「良妻賢母」だけでは対処できない風潮が起こってきた。新時代における教育内容を模索する過程を通りながら男子の岡山中学と並ぶ女学校として「潜在能力を啓発する」ことや従来の訓育中心の管理教育から「自発性を喚起する自律教育」に着目し、体質改善を目指していた。その目的実現のために、開校以来、初めての庭球の対抗試合などが開催された。

　絹枝の入学1年前の1919年（大正8）に第一次世界大戦が終結し、パリ講和会議が議論をよんだ。国内では、大正7年に米騒動が起こり、それにより寺内内閣が倒れ、我が国最初の政党原敬内閣が成立。政綱の一つに「教育の振興」が採りあげられ、享楽にふけって軽挙妄動のないよう、勤勉力行の美風を作って生産資金を増殖し、生活の安定を図るという内容が示された。

　岡山高女にも新しい和気昌郎校長を迎えた。至ってバンカラな風采を校庭に運び、しかも生徒に対しては最も親切丁寧、加えて徹底した意見を述べ、社会に対して温かい情が感じられて、教育を実際に活用するので教師・父兄の間にも人気がよいと言われていた。「知・徳・体」の一体化、すなわち全人教育の推進が校長の眼目であった。この和気校長の在職中に絹枝は在学していた。袴の制服を洋服へと切り替えがなされた。保護者の大戦景気に支えられた大正期の経済成長と市民的社会の変化も加わり、高等教育と高等教育機関への進学を要望する階層が増

えた。和気校長の方針の一つとして体操に重点を置き、校長自ら時間を見つけては生徒と一緒にテニスをしていたのを、生徒はよく目にしている。そのような雰囲気に絹枝は大きな刺激を受けてテニスの世界にはまり込んでいく。当時、女学生の間で

明治35年

長　　袖
（1尺6寸以内）
袴の裾に黒線2本

昭和2年（夏制服）

地質　上着　木綿片羽織
　　　スカート　紺セル

大正11年（夏制服）

地質　木綿、白地に水色の格子
形式　衿、カフス、ポケット口布に
　　　斜縞の縁取り

（冬制服）

地質　表　厚地紺サージ
　　　裏　黒毛繻子、半裏
身頃の飾り　黒貝釦6個
（『創立七十年史』より）

第1章　生を受けて

は、ラケットを小脇に抱え颯爽と歩く姿が流行し、テニスブームをかもしだしたという。絹枝もその姿に魅せられたのであろうか、テニスの道に進むのである。オリンピックには1900年のパリ大会から女子の競技種目として採用され、1924年まで続く歴史的なスポーツである。

和気昌郎校長（岡山操山高校提供）

テニスへの道

　1年の2学期になるとテニスコートはプレーヤーで花盛り、絹枝はその光景を目のあたりにしていた。他校との試合があることを知り応援に出かけた。県下から集まった大勢の選手たちが、熱戦を繰り広げる中で母校の選手は応援も空しく準決勝で敗退してしまった。悔しさと悲しみにひしがれているコーチや選手を見て、絹枝は物陰から涙を流していた。帰宅後、試合のことを思い浮かべると眠られず、将来のテニス選手を夢見ながら夜を明かしてしまった。各学校の活躍ぶりは、あまりにも強い衝撃で、絹枝をテニスへ、テニスへとひきつけていくのであった。出来ることなら自分もコートに立って、先輩の恥を雪辱したいと心の中で叫んでいた。彼女にとっては、スポーツの勝敗の感情を強く感じとり、スポーツのあり方に触れる初めての機会だったといえよう。そうなると、校内売店で売り出した1円30銭のラケットが欲しくてたまらなくなったが、「お金は十分にないのだから節約してしっかり勉強しろ」と言われた父の言葉が思い出されて、とても「買って」とは言えなかった。

13

父の言葉とラケットが欲しいという気持ちが交錯し、絹枝を悩ませたが思いきって母に話してみることにした。母からは意外にも「買ってあげるが、ラケットを家に持って帰ると、みなに叱られるから学校に置いておけ」という約束で1円30銭をもらった。早速そのお金で一番いいラケットを買って、グリップにK・Hと刻み机の横に大切に置いた。教科書よりも何よりこのラケットが大事になって、授業中も手を伸ばしてはラケットの健在をうかがうのであった。このラケットを得て絹枝は必死に練習をした。2学期半ば過ぎたころには、バックハンド・ストロークも出来はじめ、サーブも覚え、スマッシュやボレーもわかってきた。練習が面白く一振りでも多く練習したいために、10分間の休憩時間には誰よりも早くコートに駆けつけて場所を確保し練習をする。こうして2学期が終わる頃には、クラスの中で1、2と言われるまでの腕前になっていた。そうなると正選手の練習時のボール拾いも練習と思い、誰よりも早く走って多くのボールを拾った。いち早くボールを追い、拾うという動作を繰り返し、繰り返し行ったのである。これは毎日往復6kmの道を歩いて通う動作から得たことに通じていた。ボールを拾う動作を繰り返し続けるうちに、拾う動作の工夫や素早い動きの訓練となり、次の練習の意欲や努力のエネルギーを温存し、発揮することへの楽しみをより大きなものにしていたのではないかと考えられる。2年の5月に突然、担任でありテニスの部長でもあった先生から職員室に呼ばれた。数学の成績の悪いことを言われるのではないかと内心ビクビクしながらゆくと「数学はしっかりやっているか?」の第一声、"それ、きた"ととっさに身を縮めるのだった。ところがその後は、いつもにはない笑顔で「今度、君を正選手にしたいがどうか? 家の方

第1章　生を受けて

は許すだろうか？　君もしっかりやってみるか？」という言葉。拍子の抜けた絹枝は急に元気になり、背筋を伸ばして体をピンと張り「ハイ、是非させてもらいます。家の方は大丈夫です。」と元気よく答えた。嬉しかった。「勉強もします。数学も努めて好きになります。しっかり練習に励みます。」と誓ったのである。先生の「家の方は？」の一件は言うまでもなく、反対されるに決まっている。だが

岡山高等女学校時代、テニス選手として活躍していた絹枝（右・15歳）

絹枝のやる気持ちは、家族の反対を受けつけないほどに強かった。昨年は応援だけだったが、今年は戦うときが来たのだ。強い気持ちで自分を奮いたたせるのだった。

　昨年の雪辱戦を前にして大阪で「関西女子庭球大会」が開催されることになり、参加が決まった。家の人たちに隠すことはもはや出来ない。意を決して話をすると、家の人は「そうか」と言うだけで大きな反対をしないばかりか、父は5円を小遣いとして渡してくれた。もし大阪行きが許されなかったら、テニスは実を結ばなかっただろうと述懐している。ダブルスにおける絹枝組は4回戦まで勝ち進んだ。背の高い前衛としてスマッシュやボレーで活躍したが4回戦で敗れた。初陣の成績に付き添った和気校長と部長先生たちは、それでもよくやったと心から喜んでくれた。

それから1か月後、岡山県下の大会が岡山高女で開催された。通学は遠方なので1週間前から寄宿舎に泊まり、練習に備えていた。試合当日、父猪作がヒョッコリ顔を見せた。あんなに反対していた父だけに嬉しさ以上に驚いた。やはり心配だったのであろう。絹枝は大きな元気をもらった。5回戦まで進んで、昨年応援で悔し涙を流した女子師範の主将組と対戦することになった。火花を散らした戦いで、今回はやっとのことで相手を葬り去り、雪辱を果たすことが出来た。てこずることなく次の決勝戦はあっけなく勝利し優勝した。女学生らしく全校生徒の歓びの凱歌は、涙へと変わっていた。

　こうしてテニスへの道は順調であったが、祖母ばかりは「あんなに黒くなっては、嫁にいけない。」と嘆いてもいた。周囲からは、力強いスマッシュやストロークなども、陰では妬みや誹りも加わるようになって、「凄い」と評価されながらも、女の人の美しさの欠如を口に非難する人もいた。そのことは当然、絹枝の耳にも入っていたにちがいないが、絹枝は気にせず、ただひたすら上へ向かう努力しか目になかった。

　ここまで来るには、こんなエピソードもあった。練習時期になるとも夜晩く寄り道をするという良くない評判が彼女に立ち、和気校長が問いただすと「先生、ご心配してくださるな、余りにもお腹が空いたので食事をしたのです。悪いことはしませんから。」との返事に笑いで済ませたという。それから10年後に彼女の訃報を受けた和気校長が人見家に弔問に行き、彼女が楽しい女学校生活の4年間を毎日、練習期には朝に星を戴き夕べに月を見て帰った1里半の道を自分も初めて歩いてみた。腹のへるのは理の当然、万事に気づかぬことのなかった自分が、かりそめにも絹枝を疑ったことは罪だったと家族に伝

え、心を悼めたという話は語り草になっている。

陸上競技との出会い

1922年（大正11）5月27日、東京で初めて「女子連合競技会」が行われ、50ヤード、走高跳を実施。広島県では1922年6月4日「広島県女子体育大会」が広島師範学校グラウンドで開催された。記録などは明らかではないが、50m、100m、200m、ホ・ス・ジャンプ（当時もまだ三段跳という語はなかった）、300mリレーが実施されている。岡山県でも、絹枝が大阪で開催された「関西女子庭球大会」に参加していたときに、県下の女子競技会が開かれていた。絹枝が3年時である。この時の岡山高女は、50m優勝、300mリレー、600mリレーに1着となった。走幅跳でもクラスメートが優勝、岡山高女の陸上競技熱は、この頃から盛り上がり始めた。岡山県大会で、友人が良い成績を収めたことに喜んでいたと思われるが、走ること、跳ぶことに優れていた絹枝である。きっとその興味や競争意識が無意識のうちに芽生え、燃え上がったのではなかろうか。このように1922年には東西の各競技会で一気に女子陸上競技の発展方向が開かれてきたときといえる。

絹枝の陸上競技のかかわりは、高等女学校4年生の秋のことである。岡山県第2

岡山高等女学校時代の人見絹枝

回中等学校競技会が開かれることになり、岡山高女では全校をあげてあらゆる競技の覇者となることを目標に活躍する準備をしていた。絹枝にテニス部部長から「今度だけ、陸上競技に出て我が校のために気を吐いてもらいたい」と強いすすめがあった。ところが生憎、絹枝は脚気気味で医者から止められている始末、両親も出場には不賛成だった。とはいえ、絹枝は何とかして出場したいと思っていたのだ。陸上部と庭球部の先生、それに校医が加わって大変な議論があったそうで、「母校のため」という考え方が勝ちを制し出場することに決まったという。両親は学校の決定なので反対はできなかった。いよいよ校医付き添いでフィールドに立った絹枝にとって、陸上競技に出場するのは初めての正式大会である。走幅跳からスタートし、1回目を跳ぶと校医がとんできて脈拍を調べて、体調に注意していた。それを見た母校の応援の人たちや心配ながらすすめた庭球部と陸上競技部の先生たちは泣いて応援をしていた。絹枝は「この競技に勝ちさえすれば、1年位病気で立てなくなっても悔いることはない」とさえ考えていたのだ。専門のテニス選手というよりも、全力を挙げて闘う真のスポーツ選手、ここでは既に陸上競技の選手魂をもっていたのだ。走幅跳4m67で第1位、おまけにこの記録はオフィシャルには発表されなかったが、日本女子最高記録でもあった。初めて参加して、最初に役員からアナウンスされた記録であった。

　人見絹枝は陸上競技の面白さをこの時強く実感したと思われる。陸上競技の楽しさ、面白さの特徴は何といってもやはり記録である。走幅跳を初めて競技会という場で跳んで、自分の力を感じ、もっと跳べるのではないか、跳んでみたいという積極的な強い意欲がわき起こり、「記録の魔力」にとりつかれるよ

うになったと思われた。これが女学校最後の年であった。

岡山高等女学校から得たもの

人気があった和気校長が絹枝の卒業時、1925年に他校へ転任となり、新しく妹尾校長が着任した。早速「これからの女」という文を、岡山高女教職員と全校生徒へ示し、進取自尊に意気込みを強調した。岡山高女機関紙（はなたちばな76号）によると「この一文は世事に疎く、深窓に閉じこもる女学生を養成してきた良妻賢母への改善宣言であり、当時にあっては"女に学問はいらぬ""女子供の知る所ではない""女さかしゅうして牛売りそこなう"という女性蔑視の社会に対する挑戦状であった。時代を先取りした構想であったといえる。」これからの女性であるべき姿が示されると、学校全体が活気のある方向へと向かったと当時の生徒の感想が熱く述べられている。

大正12年8月卒業（最後列右が人見絹枝）

女として

　絹枝は女学校最後の年の日記に、当時ベストセラーになった窪田十一の小説「人肉の市」(注2)の感想を「それは大いなる期待を与えたにも関わらず、そこまでのものでもなかった。女が、ああまで弱々しく生まれたことを私はいかに嘆いたことだろう」また「男に勝つ性は、いつ変われるのだろう…男子に絶対服従なんてそんなことはないはずだ。男に勝て、いかにしても男に勝て、つよく生きよ。愛する女等」と激しい口調で記している。

　読後感のこの部分だけを採りあげて、人見の女性観を述べるには、内容の関係や社会観などを加味しなければならないが、少なくとも自覚、自立を目指す「女」が意識され、女の置かれている立場を真剣に考えていることが伺われた。岡山高女の自覚のある主体的な女性を目指す教育に影響を受け、後の絹枝の生活の中に無意識に根付いている。社会では、原敬内閣の時代（1918～21年）に女学校ブームが起きている。女性解放運動も全国的に広がり、女性参政権を要求する運動も起こるようになって組織的な運動になっていく。これらの運動の中心的な人たちは、いずれも女学校以上の学歴を得た人であり、教育を受けたいという女の要求は高まっていった。キリスト教の解禁が1874年（明治6）になされ、布教活動がすすめられた。特に女性の信者が多く、そのため学校が開設された。岡山県は地理的にも神戸に近いこともあり、宣教師や修道女が招かれて伝道に興味が注がれた。1885年には私立順正女学校、翌年に山陽英和女学校、私立岡山女学校と次々にキリスト系女学校が設立され、1890年以降宗教系以外の女学校も設立されていく。1900年～11年の約10年間に15の女学校が新設され、そ

の数は18校にもなった。岡山県の男子の中学校は11校であったことを考えると、この時代に即した女子の教育熱は凄まじいものであったといえる。

　1920年代、文部省を中心として「女子の体育」が論じ始められるなか絹枝は女学校時代を過ごし、勉学に運動にエネルギーを燃やすのである。また、女子が女としての生き方を見つめ、声をあげ始めた時代であり、絹枝の中にも息づいていたといえる。

　小学校、高女時代は、感性が育ち個性が発揮されてくる時期に、人見は他人を思いやる気持ちや正義感、秩序を守る習慣、運動では繰り返しの練習による技術の向上、苦しさを楽しさにかえる積極的な考え方、そこから進んで新しいことを考え行動することなどを経験し、大きく成長していったのである。

（注1）1983～84年、森川貞夫氏（日本体育大が名誉教授）によって人見絹枝の書籍を整理し、「人見文庫目録」を作成して福浜小学校に所蔵されている、
（注2）窪田十一著　1910年講談社のベストセラー、女性の人身売買問題を告発する小説。

3. 二階堂トクヨの許へ

二階堂トクヨ

　人見絹枝は1924年（大正13）3月、岡山高等女学校を去る時がきた。父は女子師範を薦め、母は裁縫の学校へと考えていたようだった。絹枝は進学先を女子専門学校か、女子高等師範学校の文科を考えていた。読書、書き物、短歌を詠むことが好きで、その面でも優れていた。和気先生は、人見が文科系の能力を持っていると同時に運動能力は人並み以上、それに加え練習においても意欲と集中力は、例を見ないほどの努力家であることを知っていたため「二階堂先生のところへ」と進学先を強く勧めた。当時、二階堂トクヨはイギリスからの留学帰国後，スウェーデン体操を広め、女子体育を全国的に発展させる活動に力を注いでいた。1916年～1921年の間、師範学校や高等女学校へ体操・遊戯講習会の講師として文部省から任命され、トクヨは全国を廻っていた、1916年には岡山県に行き、その時点で和気校長との接触の機会があったと思われる。トクヨの女子体育に対する教育観に賛同し、絹枝に進学を勧めたのではないかと推察される。和気校長の岡山高女の教育方針に「知、徳、体」を重視し、女性の体操を教科内外で強く推進していた。人見については、スポーツを通してこれからのあるべき女性像を開花させたいことを願って、薦めたのではなかろうか。

　従来、霊（心）肉（体）同等思想あったと言われていた。相対的に独立した位置を持ちながら相互に密接に結びついて両者が統一的に人間形成に不可欠な価値を持っているとされていながらも、当時、肉（体）は（下位）とする思想が強かった。体

第1章 生を受けて

二階堂トクヨ（昭和14年3月卒業記念アルバム所蔵）

育は下位とされ、長い間、下位の考え方に支配され、現代でもなおその考え方は残存している。絹枝自身は「体操学校なんか頭の悪い人たちの集まる所だ。私はそんなところに行くものか」と父親の影響もあってか、初めは反対していた。しかし陸上競技への意欲は、4年生時に脚気をおして日本記録を出したことによって一気に高まっていた。その時点で、体育系の人は頭が悪いと言った言葉は影も形もなくなっていた。テニスの練習や試合で相手のボールに対して全神経を集中させ、素早い頭の動きで判断、それによる瞬間的動きをする。作戦も相手の態度や動きから読み取ることが必要だ。陸上競技では、高める技術を細部に分けて意識して繰り返して行わなければならない。そのことをやってきた自分について考えた時、頭と体を素早く連携させる行動は、人間としてレベルの低い内容だろうか。人見の心は既に二階堂体操塾へと決めていた。最終的には、和気校長の勧めによって父親も折れて、東京で勉学することを許される

ようになったのだ。

二階堂体操塾

1922年（大正11）に二階堂トクヨによって「女子体育は、女性の手で」という信念のもとで設立された二階堂体操塾は新しい女子体育の誕生ともなった。女子体育を推進していく方向に反対の声があったといわれ、無関心、消極的な人の多いその時代、困難なことが多くあったと想像される。トクヨが優れた自分の考えと広く確かな技術を身に着けた女子体育指導者の養成を理想とした教育機関の設立を熱い思いで抱いたのは、英国のキングスフィールドの体操学校へ留学し、校長のオスターバーグ女史からの女性の生き方に影響を受けたためである。

絹枝が二階堂体操塾へ行く前年（1923）に関東大震災が起こり、翌24年父親に連れられ二階堂体操塾の門をくぐったときは、まだ震災の残骸が至る所に残されていた。トクヨの努力により、世田谷松原にバラック建ての校舎を建てたのである。学校再建について、二階堂トクヨの強い意志と意欲は、大正デモクラシーという時代の中で育てられた女性としての自主、自律的な女性のあり方と同時にトクヨの建学の精神「女子の体育は女らしい優美なものに、母となるべき健康なものに」をもとに「女性の体育は女性の手で」という志と信念が表出しているように思われた。トクヨの心の中にある女らしい教育とは、男性と対等であり平等である［女性］のための教育であった。

トクヨの影響

人見絹枝の生涯で二階堂トクヨは大きな影響を受けた一人である。トクヨは1880年（明治13）に宮城県で生まれた。こ

の時代、一般家庭ではこれまでと異なり女子にまれな高等科4年教育を受けさせるようになってきた。トクヨの学問への意欲は、13〜14歳頃に芽をふき、教育熱心な家庭が彼女を進学させ向学心を育てたのであった。トクヨは小学校を卒業すると、小学校准教員検定に合格し、次のステップとして正教員になること、さらに上級の尋常師範学校に行くという強い目的を持っていた。

　ところが社会情勢は、1894年（明治27）に日清戦争が始まり、国の財政は戦争に向けられ、それに伴い各県の財政に大きな影響を及ぼした。それを補う方法のひとつとして、女子教育にも向けられ、各県にある女子教員養成を廃止することが挙げられた、トクヨが育ってきた宮城県も例外ではなかった。小学校女教員は、在職年数が短く威厳がないうえにスパルタ教育には適さないということが表向きの理由で、宮城県の女子師範学校は廃止に及んだ。全国で廃校が数多く実施され、財政の負の肩代わりは、まず女性から始まったのである。師範学校廃止で挫けるようなトクヨではない。隣の福島県へと居留する策を講じ、積極的な働きをする中で新聞社「福島民報」社長の養女となることになり、無事1896年に福島県女子師範学校に入学した。13年間、養女として勉学に励んだ。トクヨの勉学の意欲は、目的とする学校の廃校問題、二階堂体操塾の地震による被害、いずれも大きな問題を乗り越えて進む姿は、丁度、女性の時代に即した姿であり、目的に向かっていく積極的で自主的な行動力を示すことが出来た時代でもあった。人見は、トクヨから身のまわりに起きる問題を乗り越えて前進しようとしてゆく強い精神を学び、しっかり受け継いだ。

体育に対する考え方の大転換と留学

　トクヨは女高師時代、体操には全く関心がなく週3回の授業も欠課をするか、見学すると決め込んでいた。学年末になると、偶然ではあるがトクヨにはいつも何かしらの障害がおきて欠席していた。1年時は、足の怪我が骨に影響し、2年時末は、チフスに罹患したうえに耳下腺炎手術も加わり入院、3年時は、義父が死去、最後の4年時は、実父の死に遭った。これまでは学年末試験を受けずに進級してきたが、これまでのことをふりかえり落第を覚悟し、もう1年やり直すことを考えたが、トクヨの他の教科の成績が良かったために無試験での卒業が認められたのであった。

　1904年（明治37）卒業後トクヨの最初の赴任地は、石川県の金沢高等女学校である。就任の校長の初対面で「国語の先生は余っているので、体操を教えて欲しい」との言葉にいささか慌てた。女高師では体操の免許を取得していても、授業は真剣に受けてこなかった。トクヨには、この時まで号令で動くことに対して馬鹿馬鹿しいと感じていたが、教えるとなると同じことをやっていたのだ。多分大声で号令をかけては厳格に鍛錬を中心に、兵式体操的内容を服従させていったと思われる。彼女自身、馬鹿らしい体操を教えることは恥辱だ。こんなために苦学をしたのではない。世間に対しても学友に対しても面目を失うという妙なプライドを持っていた。体操の教師になり下がらせられたことに悲しみ、憤りを持ったという。自暴自棄になって無茶苦茶に教えたらしい。こんな状態では、1年も持たないで倒れるかもしれないと思い、人からの勧めで生命保険を掛けることを考え、多額な保険を掛けた。とにかく死に物狂いで役割を果たしていたのが、2か月、3か月と過ごすうちに、今に

も倒れるかと思われていたトクヨが、不思議に健康と快活さを取り戻すようになり、持病の精神衰弱も次第に回復するようになっていった。この自分自身の驚くべき変化は、体操を教えたことの結果であったと自覚するようになったとき、トクヨは初めて体操の重要性という事実を身を持って認識したのである。そこから見事に変身していったのであった。このときの180度転換で、体操に全てを捧げる気持ちを覚えたという。それ以来、人が変わったように体育教育について取り組み始め、丁度アメリカ留学から帰国した新進気鋭の井口あくり（注1）に親書を送り、体育教育の情熱を訴えたという。3週間トクヨは、理論と実際を学び、それまでの無謀なやり方に対しては穴に入りたくなるような思いで深い反省をし、浅はかな自分を変えるために必死になって勉強に勉強を重ねた。

あれほど体操を嫌い、軽視していたトクヨにとって体操こそが健康の源であることを実感したことが契機となり、社会の目や考えに束縛されていた己に気がつき、体操の本質を自分のものとした。柔軟な思考の出来る能力の持ち主であったからこそ、自分を変えることができたのであろう。井口あくりの返事は、体育に一生を捧げようとしている情熱に感動し、自分の後任として女高師にトクヨを呼び寄せた。体操科の助手として赴任し、その後助教授となる。やがてトクヨの研鑽の意欲は、イギリスの留学へと繋がっていった。

1912年文部省から任命を受け、イギリスのキングスフィールド体操学校の門をくぐり、2年間は体操の教科目の理論、実技は体操他、教授法など幅広く学んで1915年に帰国する。帰国してからのトクヨは、「健康な生活は、個人の生理・衛生にかなったもので、単に筋力の発達のみをもって目的とすべきで

はない」と生理学的な観点から健康を考えた教育内容や指導方法で進めるが、教育観や教授要目を決定する際に、女高師の先生がたとの意見の違いが際立ってくる。それが体育観の違いとなった。そこで女高師に決別し、オスターバーグの理想を受け継ぎ、日本で女子の体操学校設立のため、一歩を踏み出したのである。

　トクヨの特徴として、自分の所信と直感的判断に対してひどく忠実で自分の信じるところと一致しない者を同志と認めず敵に回してしまう潔癖さがあった。極東オリンピック競技界の講演会が体育協会主催で開催され、講師紹介で、既に女高師を退職しているにもかかわらず、前東京女高師教授として前官職の下で紹介された。この時だけではなくいたるところで前官職披露に立たせられ官尊民卑の風習を改めるべきとトクヨは教化をねらいとして発憤していたという。人物紹介で過去の高い位置付にある職業を利用して自分の権威を示したり、自分の虚栄やプライドを満足させる気持ちはなく他との関係で自分に忠実で純粋、潔癖な心の持ち主であったといえる。

トクヨから学んだこと

　二階堂体操塾は卒業しても何の資格も与えられない、ただ実力をつけて卒業させることを目的としていた。したがって入学については試験はなく、入学後は適、不適が授業や生活の中で判断され、選別される。親元を離れ、全員寮生活は、慣れるまで時間がかかり、絹枝も家族のことを思うと岡山が恋しく、帰りたい気持ちが強くなった。絹枝の日記には、4月13日～11月18日の生活記録が残されている。4月16日入学後の最初の授業が始まった。授業は大きく分けて、午前はトクヨの実

技、午後は解剖学と生理学担当の教師林良斎の体育理論であった。トクヨの実技は、主に体操と遊戯であった。当時は体育館がなかったので戸外で行われた。厳しく徹底して指導された。雨が降るとトクヨの訓話や講義を聞いたりした。これまでの苦心談、留学時の話、特に留学の話は、若い塾生には未知の世界であり、深い興味と大きな刺激を与えないはずはない。絹枝も目を輝かせ、心を震わせ聞いたと思われる。外国の生活習慣、考え方、文化活動などその違いを聞くものすべてが、新鮮さを感じさせ、外国への強い興味はこの時代に触発されたのだ。絹枝はトクヨについて、体育を主とする学校でありながら、体の訓練よりも、心の訓練が大きかっと感じとっている。絹枝の体育に対する考え方は、体の訓練のみを体育であると考えていたことから、心の訓練も体育であることを学んだ。日本で女性が運動をするのは、学校に行く女性だけであることを思い知らされた。それは、女性が常に健康であるために運動が必要であるとのトクヨの教えである。絹枝もそこに気づき、しかも運動する女子は学校に行く者だけの範囲で、一般の女子が運動するチャンスが殆どないことも気づいたのである。一般女性側からの運動に対する見方にも気がついた。そのことが、その後の人見の一般女子向けの10分間体操の考案実現へとつながるのである。

林良斎への尊敬と思慕

午後の授業の林良斎（1887～1930）は海軍軍医大尉の経歴を持ち、二階堂体操塾開校以来、43歳で亡くなるまで二階堂トクヨの片腕として勤務した。軍医長としてシベリア出兵(注2)の際、ペトロパブロフスク（現サンクトペテルブルグ）で

乗船していた軍艦が氷雪のために10か月内地との交通連絡が閉ざされることになった。彼は、冬営中の乗員の健康を保持増進させる目的で艦内新聞が発行されたのを機会に、衣・食・住・運動及び休養などに関する保健体育上の諸問題について意見を述べ、同時に運動の指導も行った。この状況の中で、日本を思い浮かべたとき、日本の女子の体格がいかに貧弱であって、健康的な生活をしていないことに気づいた。それには運動する人や指導する人に、人間の仕組みやその働きを理解させることが必要であると強く感じ、帰国後さっそくに「体育論」(1921)を著し、美しさを健康の観点から捉えた「女性美」(1929)、体育をする人や指導者のための「体育を基礎たる一生理学・解剖学」(1929)など出版した。

人見は、理論の授業から健康の重要性を、生理学や解剖学からは体の仕組みと働きを理解することの重要さを確実に学びとり受け継いでいる。それは彼女の著書「最新陸上競技法」に見事に反映されている。彼女の日記には林良斎のことが頻繁に記入されている。授業を受けた日は必ず林の名前が記入されていて、その数は誰よりも多いものの具体的内容は殆ど記入されていない。それを考えると学問的な尊敬に加え、何らかの好意と思慕を抱いていたのではないかと思われる。林は身長も体格も良く、現代でいう格好いい先生で塾生の人気の的であった。

彼女の短歌に、
　　愛すれば　愛するほどに苦しみの　身を焦がしいく世の中の様
　　愛亡き人のよすがは闇なりと　人はいいけりその昔には
　　などが詠まれている。

海外から見て日本の女子の体格と運動能力が低い実態を、人

見はトクヨと良斎の授業から何回となく聞いて、日本という感覚を否応なく身に着け、外国から日本を見る見かたを学んだことは大きなことであった。またそれによって外国への感覚が身近になり、異国文化の興味が喚起されたこと。基本的なところでは、頭と体の働きが密接に連携し、心の動きと関係していること。それらの訓練を行うのが体育であることを体得したのである。体もその仕組みを理解しなければ、人間の健康の基本は分からないなどなど多くのことを学んだのだ。

（注1）井口あくり　1870～1931年秋田県出身の教育学者、体操家。アメリカ留学後、東京女子師範学校教授となりスウェーデン体操を学校体育に導入するなど日本の女子体育の先駆者。
（注2）「シベリヤ出兵」については、第4章を参考にされたい。

第2章
未来を見つめての出発

1. 新聞記者として社会へ

京都府立第一高等女学校から二階堂体操塾へカムバック

1925年（大正元）、人見は二階堂体操塾を卒業し京都府立第一高等女学校に就職が決まった。父も祖母も教員になることを強く望んでいたので大喜びであった。第一高女の運動場は荒れ放題で草ぼうぼうだったので、まずは運動がちゃんとできる運動場にしなければならない。この年バレーボール大会があることを知り、草取りを毎日しながら整備して生徒の指導にあたった。それが終わると自分の練習、幅、三段、槍など気が済むまで時間を費やして、帰りの道はいつも月と星が友達という状況であった。余裕のない生活ではあったが、充実していた。こうしてあっという間に4か月が過ぎていた。ちょうどそのとき二階堂トクヨから塾を専門学校に昇格させたいので、助手として手伝ってほしいという頼みがあった。人見はトクヨの情熱に感激し、京都府立第一高女を退職し帰塾した。その努力もあり、1926年3月「東京体育専門学校」に昇格が認められ、トクヨと絹枝は手を取りあって喜び合った。

大阪毎日新聞社へ入社

専門学校の準備がスタートしようとしていた矢先、大阪毎日

新聞社（以後大毎社と略す）から突然に記者としての入社の誘いが絹枝にあった。その経緯は、当時医学博士で大毎運動部長であった木下東作がその勧誘の交渉をすすめたと言われている。木下は彼女の強い意志、何事にもベストをつくす人柄、世界記録を持つ競技の高い能力、短歌など小学生のころからの文学的な才能を認め、交渉をしたのだという。一方、父の猪作は絹枝が新聞記者になることには反対だった。猪作の自叙伝によれば、「絹枝が、二階堂を止めて大毎に入社したいといいだしたとき、当時の新聞記者は、人柄が悪い故、思いとどまるように言った」とある。そして「反対したが、既に契約済みであると絹枝の話だった。それはスウェーデンで開かれる世界女子競技会に出場するためだと後でわかった」と記している。トクヨと父親の気持ちとは裏腹に、人見は自主的に自分自身の強い意見で入社を決めていた。それは、新聞記者という職業は当時の女性の最先端をいく職業であり、新しいことに向かい創造する仕事であると考え、自分の能力を試して伸ばしたい、そして自分の好きな陸上競技の力を、世界で競い合って試してみたいということなど、入社以後の彼女自身の行く先を思い描いていた。

　入社に対しては、トクヨに相談し了解を得たことになっているが、トクヨと絹枝の話し合いは意見の違いや、摩擦が生じたともいわれている。共に信頼し努力してきた間柄である。トクヨは手放したくなかったに違いない。絹枝が、東京から大阪に生活を移す時に、体操塾で事務を手伝っていた後輩である藤村蝶（戸籍上はてふ）に一緒に暮らすことを頼み、大阪の十三に下宿を見つけて2人の生活が始まった。

　木下部長は、日本女子スポーツ発展への熱意を強く抱いていた。1926年4月1日に日本女子スポーツ連盟を設立し、同年

世界的な組織、国際女子スポーツ連盟（Fēdĕration Sportive Fĕminine Internationale FSFI と略す）に加盟した。この加盟によって、女子の世界記録の公認を得ることが出来るし、世界女子オリンピックに出場も可能となったのである。この時木下は、人見に第2回国際女子オリンピックの参加を勧めた。彼女はスウェーデンのイエテボリで開催される大会から参加出来ることになるのだ。日本にとってFSFIに加盟したことは、国際大会に参加出来るのはその組織があるからだという思いが、「一大革命である」と感動をもって、跳びあがって喜んだのである。当時、女性が海外へ行くことなどは考えられないことであった、まして若い女一人での7月8日から8月29日まで53日間の遠征である。人見が不安を抱かないはずはなかった。練習期間や準備期間が短いこと、見知らぬ国での一人旅など、考えれば考えるほどに不安をいだき躊躇したが、競技者として考えると他国の選手と競い合って自分の力を世界で試すことが出来るのだ。自分にはない技術も学んできたい、記者として他国の女子の運動状況を自分の目で見てみたい、「一人でもいい」という気持ちが、不安を凌ぐ強い意識と意欲となり、喜んで参加を受けることにした。人見の、こうした前向きな性格が、これからの人見を大きく成長させ、多くの人に影響を与えていくことになるのである。

　絹枝が晴れて大阪毎日新聞社に入社した時の感想が1926年6月7日の大毎社内報に載せられている。見出しは「体育事業につくしたい ─ 人見絹枝」とある。

　「いよいよ入社してみますと大きな心配が私を苦しめます…その心配はほかでもありません、此の大新聞社の一員として十分此の身でお尽し出来るかと度々私の心が私を苦しめることで

ありました。…（略）…」
　入社した後の決意と感謝の念を述べ、最後に暇々の練習日に従来より以上の成績を欲すると同時に、少しでも世の女子体育事業に尽くしたいと願う強い決意を表明している。

2. 海外初遠征、第2回世界女子競技 イエテボリ大会
(2nd Women's World Games)

　木下部長に勧められたこの大会は、オリンピック委員会の下部組織、国際陸上競技連盟（International Amatur Atheletic Federation IAAFと略す）が、オリンピックに長年女子の参加を認めていなかった。そのためフランスのアリス・ミリア夫人は、1921年各国女子代表を招き、オリンピックに女子の参加を要望するためにFSFIを設立した。1924年のオリンピック・アントワープ大会へ女子の参加を、要望したが、やはり認められなかった。そこでFSFIは、1922年女子だけの「第1回国際女子オリンピック」を開催。さらに　再度、第9回アムステルダムオリンピック大会に女子の参加要望書を提出。そこでなんとか認められたのは、オリンピックという用語を使用しない条件で参加を認めるということになった。FSFIは、国際女子オリンピック大会を第2回から世界女子競技会という名称に変更して、大会を開催したのである。1926年8月「第2回世界女子競技会」はスウェーデン第二の都市イエテボリで開催された。人見絹枝は19歳、イエテボリへ出発する前の6月に国内の第2回日本女子体育大会で200mと走幅跳に日本新記録を出し、世界的な記録に迫りつつある上り調子の時であった。

　イエテボリへは、大阪を出発し、下関→ハルピン（満州国、現中国）→モスクワ→ヘルシンキ→イエテボリというルートである。ロシア領内はシベリア鉄道で8日間走り、体がこわばっ

大阪駅で見送られる人見絹枝

て来るのを感じながら、一方では壮大なバイカル湖を眺め、青い草原に幾百とも知れぬ純白の山羊が牧童の振り上げる鞭によって楽しそうに遊んでいるように見えた。ところどころにいる「牛の群れ、白樺の林、落葉松の森、ロシア娘のスカーフ姿などなどは全てが絵であり、詩である。ああ雄大なシベリアよ、無限の広野よ」と人見は書き綴っている。

　シベリアの旅は日本選手としては自分一人であったが、大阪日赤病院長前田博士、早大建築家今井助教授と一緒だったし、支那の新進思想家胡適氏が同乗してくれていて会話を交わすことが出来、楽しい旅となった。モスクワでは、大毎特派員の語学堪能な黒田氏がマネジャーとして同行するよう大毎本社からの命令で待ち受けてくれていた。黒田氏とは大会終了まで心強いマネジャーとして喜びも悲しみも共に行動した。モスクワ、ヘルシンキでは2～3日滞在し、体をほぐし、軽く練習をした。

第 2 章　未来を見つめての出発

　その間、人見はこれまでにない強い衝撃を受けたことがあった。それは夕方、グラウンドで練習をしていると仕事帰りの娘さんや子供と手をつなぎながら活き活きとした奥さんたちがやってきては、陸上競技の練習を始めるのだ。すれ違うとちょっと不思議そうな表情になるが、すぐに笑みが返ってくる。そして思い思いの練習が始まる。その光景に遭遇した人見は、日本の女子のことが頭に浮かんできた。日本にも女子が運動をすることが必要だ、細い弱々しい体で働いている日本の女性。体が丈夫であればもっと自分らしい楽しい生活を送ることが出来るのではないか、という記者の眼である。さらに各地で陸上競技の好きな人たちが、気軽に集まり練習をするようになれば、小さな競技会も行われるだろうし、そこからは当然強い選手が生まれてくるだろう。羨ましい気持ちが胸いっぱいになり、一瞬、日本の将来の女子の姿を重ねて合わせて夢をみていた。この出来事が元となり、人見は帰国後、一般女子に対する10分間体操という速やかな体操を考案したのである。

　開会式前、プログラムを見ると2日目に、走幅跳と槍投がある。それに全力を注ぎたいと考えた。練習中、世界記録を上回る記録を出していたので、欧州の人たちに君が代と日章旗を輝かせることが出来ると考えていたが、問題は競技時間が同じであることだ。スウェーデンに到着以来、欧州のトピックスとして「日本のヒトミ選手は、第2回世界女子競技会に出場するが、走幅跳では6mを跳ぶ立派なジャンパーだ」とニュースにとりあげ、しきりに宣伝されていることもあり、槍投を捨ててでも幅には出場しなければ日本婦人の意地がなくなる。優勝するためには、槍を棄権することも辞さない覚悟であった。3日目は、60mと立幅跳に出場予定。立幅跳も練習中に世界記

黒田氏と人見絹枝

録以上の 2m55 〜 60 を跳んでいるので日章旗を掲げたいと考えていた。黒田マネジャーに助けられながらも、ただ 1 人で檜舞台に立つのは淋しい。しかし、はるばる日本から来た大きな責任を感じ、最善を尽くして祖国のため、女子のために飛躍を期したいと心に誓うのであった。

開会式

8 月 27 日の入場式では、ただ 1 人で胸を張って日章旗を掲げ、トラックを 1 周した。参加最少国は、日本の次にリトアニアの 4 名だった。出発にあたって「リトアニアという国が地球上にあるということだけを、ベストを尽くし知らせて来い」と言われたことを聞き、人見は自分の身に比べて、涙がにじむのを覚えたという。これまでの自分を考えた時に自分の利益を

全く考えたことはなく、日本の国と自分とが一体となっていた。1人の行進で、涙が頬を幾度となく伝わり落ちていくのであった。

競技開始
（第1日）

100yd（約91m44）、円盤投、250mに出場

100ydは予選、準決勝とも1着　　決勝3着　12秒0

円盤投（100yd.と並行して行われた）予選通過、決勝2位

33m62―1位の選手の記録37m71。円熟した回転と投げ出しのフォームに酔いしれ、多くのことを学んだという。

250mは予選2着、決勝6着（最下位）―疲労で不安があったが出場。途中100mあたりから腰痛に襲われ、倒れる思いでやっとゴール。その後30分ほど立てなかった。

（第2日）

走幅跳に出場、槍投―エントリーをしていたが、昨日のこともあり棄権

走幅跳は予選5m33―ベストシックスの5回目までイギリスのガン選手5m43に負けていた。しかも5回目の跳躍で心の焦りのためか両手を上方に引き上げようとした時、スパイクの釘で右手のひらを6か所深く傷つけてしまった。大毎社や家族からの激励と期待の手紙が届いている。母と姉は1日2回氏神様にお参りして祈っているという便り。何とか記録をあげなければ、跳躍は後1回きり。人見は踏切りが合わず一人で苦しんでいた。その瞬間、大阪駅出発の間際に、木下部長が「困った時には、目を閉じて落ち着いて日本の神に拝め、きっと救われる」と口早に囁いた、慈父にも勝るその心が思い浮か

んだ。一瞬目を閉じ「一度だけ」と夢中になって祈った時、涙が浮かぶ。ガン選手に気づかれない様に横向きになって走り出す方向を見ていた。30m助走の地面がぼんやりとかすむ。最後の跳躍、ひと呼吸して夢中で走り出し、踏切った瞬間…今まで合わなかった右足が少しの狂いもなく踏切板にのった。記録は5m50…世界新記録―アナウンサーの決勝記録の声が高らかに響いた。その声が終わらないうちに、静まりかえっていたスタンドの観衆が一斉に立ち上がり、スタンドを靴で打つ音、割れるような拍手が暫くの間なり止まなかった。「ハロー、人見、人見」の声を浴びながら、日章旗は君が代の吹奏と共にスタンド中央の空へ、高く高く掲揚されたのであった。その中で黒田マネジャーと人見の苦しみは、嬉しさに変わり、溢れる涙で泣けるだけ泣いた。日本では大阪毎日新聞社の号外「人見絹枝嬢、世界記録を破り、走幅跳1等となる」が出され多くの人たちを感激させた。本社前には絹枝の肖像を新聞全紙大に作成され掲示された。一般公衆の人々と共に喜びを分かち合ったという。

(第3日)

60m走、立幅跳に出場

60m走は予選通過、決勝は5着 8秒0―走幅跳でスパイクした怪我が痛み、腕の振りが思うようにいかず、不本意な成績。腕振りがスプリントの速力に大きく影響することを身を持って感じたのである。

立幅跳は1位 2m49(世界記録に1cm及ばず)―幅の時のように、日章旗がセントポールに掲揚され、君が代がグラウンドいっぱいに流れると、「ヒトミ」「ヒトミ」と声をあげて喜んでいる。人見は「これで私の3日間の競技は全て終わった」嬉しさ以上に言いようのない寂しさが襲ってくるのを感じた。

立幅跳の人見絹枝

この後、1000mと400ydリレーで大会全競技は終了した。

賞品授与式

人見選手の成績− 優勝：走幅跳（世界新）、立幅跳　2位：円盤投　3位：100yd　5位：60m　6位：250m

各国得点

1位　イギリス（50点）選手25名　2位　フランス（27点）選手13名　3位　スウエーデン（20点）選手16名

4位　チェコスロバキア（19点）選手12名

5位　日本（15点）選手1名　6位　ポーランド（7点）選手7名

最優秀選手賞として人見絹枝が選ばれ、競技会会長アリス・ミリア夫人から名誉賞が授与され、多くのカップや銀杯をもらい、役員・選手全員から祝福を受けた。

さよならパーティー

夕方から森林公園のレストランでさよならパーティーが開かれた。緊張から解き放されて、ハルピンで買ってきた服をまとい会場に出かけた。ミリア会長、大会委員長の祝辞があり祝杯が次々に行われた。人見はイギリス選手団と席を共にし、親しくなった。永井公使が人見選手の代わりに英語で御礼の挨拶をした。挨拶の内容は、世界平和を素晴らしい言葉で語り、その中で「東洋と西洋のつながりが大きな目標であり、人見選手がそれに向き合ったということ。日本の女子も皆様のように心身共に成長する様子が見えてきたこと、今後とも温かい、ご交流あらんことを」などであった。そして、この挨拶に注目が集まったという。(スウェーデンの新聞 Idrottsbladet 紙　1926.9.1 掲載)

これに対してミリア会長は「日本選手の人見嬢の活躍が、どの位この大会に光彩を添えてくれたことか！　ますますその道で精進されんことを望む」と賞賛の言葉があり、各国国家が吹奏された。その後、黒田マネジャーと通訳とで再度の祝杯をあげた。

人見選手の印象と現地新聞評

人見選手がこの大会で、レース中や競技場内で関心を集め、しばしば人見コールが聞かれたことはイエテボリの全国紙、地元紙などで多くとりあげられている。遠い国アジアの日本から

第 2 章　未来を見つめての出発

スパイクで怪我をした人見絹枝

ただ 1 人でやってきたこと、優れた競技能力をもっていること、それらに加え、日本女性としての振る舞いに共感を受けたこと、などなどが記事になっている。以下は、そこからの抜粋記事である。

* 彼女が観客の注目を集めたのは、異国情緒あふれる風貌だけではない。落ち着いた振る舞い、慎み深さ、高い能力にもかかわらず非常に謙虚な態度は、彼女の外見にまして際立っていた。彼女は愛らしいのである。観客は条件なしに、この孤独な日本人選手に共感した。（スポーツ紙 Idrottsbladet、1926.8.28）

* 走幅跳 5 回目にスパイクで怪我をした時、その傷の処置に観客の中で笑顔でしかも処理を自然な態度で任せている。彼女はその行為に対して自然な笑顔で、観客、役員や選手とも区別なく接することが出来る親しさ、そのような性格も人を惹きつける。

* 日本女性と言えば、けばけばしい着物を首から足先まで引

45

きずって、高い駒下駄の上に発育不良の足を乗せ、おしろいをゴテゴテに塗っている。人見嬢は我々の日本女性の女性観を根底から覆し、欧米の選手と違わぬ立派な体格をそなえ、日焼けした顔はいきいきと輝いている。この日本人離れした人見嬢を見た時、日本人に感激こそすれ、ハラキリなどはなかった。(ドイツ・ターゲブラット新聞社特派員)

　人見絹枝のひたすら全力を出して競う姿は、応援している人に感動と勇気を与えた。その勝利は日頃の練習とそれに取り組む姿勢の集大成が試合に表れる姿なのであろう。勝つためだけの競走や自分の名を宣伝する態度、自分は強い選手であると言わんばかりの傲慢な言動など、スポーツの本質から離れていることを観客は、敏感に感じとっているものである。スポーツが持つ真の本質、自己の能力の限界を追求し、それを伸ばし高めていこうとする努力の中で学びとり、無意識に身につけていく、その行動は多くの人を引きつけるのであった。人見の姿は、彼女の自然のままの性格、本質が現れていたといえる。

イエテボリ大会の参加章
(1926年)

3. 人見絹枝にとっての世界記録の意識

人見の飛躍

　初めての海外に出た人見にとっての見聞と経験は、国情の違いや文化の異なる国々に触れ、描いていた世界よりも遙かに大きなことを感じとったと思われる。

　第2回世界女子競技会では走幅跳に5m50の世界新記録を誕生させた。これまで日本新記録や世界記録を何回か誕生させ、自己の記録をつくり、それが世界新記録であった時の歓びは本人でないと解らないであろう。それまでの、練習過程や生活、応援してくれる人々、練習の環境などなどを思い浮かべ、心からの感謝の念をいだくことでさらに喜びが一層高まっていく。その喜びに浸っていて落ち着いたとき、彼女は世界記録保持者とはどのような人でなければならないかという意識の存在に気がついた。

世界記録の意識

　世界のトップ記録を持ったことへの高い誇りを持つことであり、さらに記録を超えるための努力を惜しまないことだ。それには新しい練習方法や技術を自ら工夫し、他の選手からも貪欲に学んでゆくこと、それらを研究し実践している指導者を得ること、そして後に続く女子選手を導いて行けるような広い心を持つこと、人間として、人に敬われるような人でなければならない、と自分のあり方を一生懸命考え、思い描いたのだ。そしてどのようにしなければならないのかを、具体的な方向・方法を楽しみながら真剣に考えていたという。

そこで考えたのは、次回には、日本の若い優秀な選手を連れて行って世界を見せたい、海外の状況を知らせたい、日本と異なる文化に気づいて頑張る姿を見てもらいたい。そして将来は、日本の女子陸上選手の指導者として育ってほしい、と強く思ったのだ。と同時に日本の一般女性の健康増進の推進も国の大きな問題であると思い浮かべながら、世界記録保持者との意識ではなく、人間としてどのようにあるべきかをも考えた時、切実な問題として頭一杯に考えがひろがっていた。

　絹枝の生活や陸上競技の世界の中で、世界記録を樹立させた選手が、どのような人間であるべきかということを感じるその感覚と発想はどこから生まれたのだろうか。スポーツを個人の問題としてとらえるのではなく、他人や社会、日本・世界へとその考える対象と内容を拡げていく。大正デモクラシー時代と言われ、女子の主体的な活動が認め始められた時とはいえ、まだまだ陸上競技に携わる女子選手は少なかった。世界記録など考えられない時代ともいえるだけに、世界記録を誕生させた人のあるべき人間像を考えるなど、卓越したその感覚は陸上競技を通してどのように成長していったのだろうか。

　第2回世界女子競技会は人見にとって外国の文化を吸収し、人間的に大きな飛躍した重要な機会であった。人見が生涯の課題を認識した過程はここにあったと思われる。人見絹枝が、旅の最初で大きな衝撃を受けたのは、ロシアやフィンランドなどで女子の生活に陸上競技が気負うことなく自然に入り込んでいることであった。前にも書いたが、夕方になって子ども連れでグラウンドにやってくる婦人、仕事帰りなのか若い女性たちが大きな声で楽しそうにおしゃべりをしながら来て、着替えるとすぐに軽い体操をし、ジョギングを始める。練習したい種目に

第2章 未来を見つめての出発

分かれ、銘々思い思いの練習をする。コーチらしき人がいてわからないことでもあるのか、近くに行ってはときどき指示を受けている。そんな光景は日本ではまず見られない。羨ましい気持ちと和やかな気持ちで足を停めて様子を見ている。これだ！

日本もこのような状況をつくり出していくことが必要だと衝撃が走ったという。そしてどのようにしたらいいのだろうかと考えていると、新聞記者という意識が目覚めたのか、本来の性格にスイッチが入ったのか、積極的に取り組む彼女の頭が回転し始めた。

学生時代に指導者もコーチもいない中、ホ・ス・ジャンプで世界記録を出した時や走幅跳で日本記録を出した時、歓びのあとには必ずどうすればもっと良い記録が出るのか教えてもらいたいという強い欲求を抱いていたことが思い出された。夏休みに地方で開かれる陸上競技の講習会、講師は高いレベルの成績

母校の岡山高等女学校で運動部員にコーチする人見（大正15年9月29日）

をもつ男子学生コーチに、彼女はいつも勇んで参加した。目新しい練習法やハイレベルな技術を学び、その後の練習は楽しく、次への意欲の高まりが湧いてくる。そこで行き当たった経験が胸をつく。その強い思いは、優秀な女子指導者・コーチの必要性であり、育成をすることが先決ではないかというところへ行き着く。

　その人たちの指導を受け、優秀な女子選手の育成も図られるであろう。その時には、指導者は個人の持てる力を女子の特徴や特性を把握しながら、さらにそれを伸ばすためには組織が必要になってくると思われた。そこでは女子を中心にするとしても、これまでの歴史から男子の協力は欠かせない。組織を作ることは容易ではないが、それが日本の女子陸上競技を発展させることになるのではないか、と世界記録を持つ人としての役割を認識したのである。

　この課題が人見絹枝の生涯を通して進展させたのである。

開会式のファンファーレ

第3章
世界的な交流

1. 第9回アムステルダムオリンピック 100mまさかの予選落ち

オリンピック女子初参加

人見絹枝は、1926年（大正15）イエテボリで全力をあげた満足感を得て11月に帰国した。国内では丁度第3回明治神宮競技大会が行われていた。この大会で日本の女子競技会にとって画期的な状況が起きていた。和歌山県の高等小学生の橋本嬢と東京府立第一高等女学校の寺尾正、文双子姉妹の素晴らしい記録が出されたのである。橋本選手はホ・ス・ジャンプで11m30(当時11m台を跳ぶのは人見選手一人だった)、特に寺尾姉妹の妹・文選手は100m12秒7の世界最高記録を出した。人見はイエテボリから帰ったすぐの時期で、日本にも優秀な選手が現れてほしいと願っていた時でもあり、とても喜んだ。そしてこの大会後、彼女たちと非常に親しい友達になって、オリンピックには共に参加することを誓い合った。

大正から昭和に入り（1927年）、東京で開催される女子体育大会に人見は走幅跳、立幅跳、200mに出場した。結果は200m26秒1の世界記録、立幅跳2m61とオリンピックに向けて心が躍るような嬉しさがこみあげた。この大会が終了した1か月後に、女子オリンピックが関西で開かれた。50m決勝

で橋本選手と顔を合わせた。人見選手のスタートが遅くて大接戦の末、同タイムで2着となり、敗れた。さすがの人見も淋しい気持ちと悲しみで、しばらくぼんやりとしていたが、よきライバルが登場したのだと思い直し、お互いに切磋琢磨していい記録を出して大会に尽くさなければならないと思えるようになった。「そうだ、このことをかねてから私は望んでいたのだ。そしてそれは日本にとって嬉しいことなのだ」と気持ちを切り替えるのだった。

　11月、第4回神宮大会が開催された、寺尾姉妹がこの大会を最後に競技会から引退するという。姉・正は50m、妹・文は100m元日本記録保持者である立派な記録を出しながらも、この春は何の音沙汰がないことを人見は気にしていた。この期間練習をしていたと聞くと、一度も一緒に走ったことがない姉妹の思いに感激し、一緒に走れる嬉しさを強く感じたのだった。50mのレースでは人見選手は6秒4の世界タイ記録で優勝。寺尾文は2位、正は3位。100mでも人見選手の12秒5に文は2位、正は3位となり、橋本選手はふるわなかった。姉妹にとっては、これが最後の大会となった。人見は、1926年に姉妹と出合い、友達となった時、「一緒にアムステルダムオリンピックに行けるよう頑張る」ことを誓い合ったことが忘れられず、オリンピック選考競技会の前に寺尾家を訪問し、出場してくれるよう家族を説得したが、反対され実現しなかった。彼女らとの別れをともなう淋しさを残した思い出となった。

　オリンピックの陸上競技に女子を参加させる問題は、第2回世界女子競技会イエテボリ大会では大成功であったため、FSFIは10種目を強く要望していたが、IAAFの理事会でアムステルダムオリンピックには10種目を受け入れず、5種目

（100m、800m、4×100m、走高跳、円盤投）だけを行うことが採決された。

　女子初参加のオリンピックには人見の得意種目である走幅跳がない。100mに意欲を燃やすしかなかった。女子100mのオリンピック代表を決定するのは、日本の第5回女子オリンピックだ。人見は、100m参加の意欲がたかまる一方、800m出場も考えていた。オリンピックで勝つためには、100mではいつもこの上なく敵が多いこともあり、800mなら出場選手も限られ優勝する機会は大きいことを考えたりしていたが、それ以来次第にそのことは頭から遠のいていった。オリンピックが近くなってくると、海外のニュースで女子100mに12秒3とか12,秒2という記録が入ってくると人見の頭の中に800mの悩みを引き戻してしまう。木下東作部長は人見が800mをやることには最初から賛成していたし、人見選手は短距離より適しているかもしれない、と話していた。この期に及んで800mに変更するとなると、トレーニングも競走の方法も異なる。100mをここまでやってきた以上は100mで優勝を、と考えた方がよいという大方の意見であった。それでも人見選手は100mに専念することに迷っていた。

第5回日本女子オリンピック

　1928年5月に約200名の選手が参加して美吉野（和歌山県）のグラウンドで第5回日本女子オリンピック大会が開催された。人見は400mで59秒0の世界最高記録（非公認）を出し、100mは12秒8で優勝した。

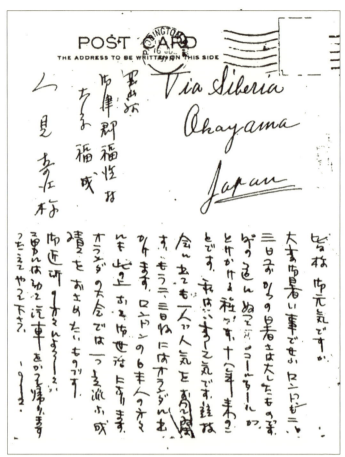

姉・壽江宛の絵葉書（ロンドン・パディントンの消印が見られる）

オリンピック派遣選手決定大会

1週間後、第15回全日本選手権オリンピック派遣選手決定大会で、人見は走幅跳3回目の跳躍で5m98の世界記録を打ち立てた。3回の試技を残してやめ、100mの決勝に出場。あと3回続けていたら6mを跳んでいたのではないかとの思いがあったようだ。100mの決勝は、幅跳に元気づけられ結果

12秒2の世界新記録。走っているときは、まだ余力が感じられたという。人見選手の心は、これまでとは違ってすっきりしていた。木下部長他800mを勧めてくれた人には、申し訳ない気持ちを感じながらも100mに出場を決めた。

その夜、23時32分にオリンピック出場選手の発表があった。女子選手は、人見ただ1人。全力を出して戦う意欲に一層湧き上がるものを覚えたに違いない。

人見選手は、オリンピック前哨戦の英国競技会に参加するために他の陸上選手より一足早く日本を出発した。イギリス到着後はロンドンで女子インタークラブ競技会。走幅跳に5m55を跳び、ガン選手をおさえて勝利。第6回英国選手権大会では、100ydと幅跳でガン選手に負けた。220ydでは25秒8の世界タイ記録、槍投では118ft 英国新記録で優勝した。グラウンドの応援者たちは湧き上がり喜んでいた。

オリンピック・アムステルダム大会

1928年（昭3）7月18日アムステルダムに到着した日本選手一行は、アムステルダムの波止場から蒸気船に約30分乗りザンダムという田舎町の宿舎に落ち着いた。開催1週間前、

織田幹雄（三段跳、走幅跳、走高跳）	南部忠平（三段跳、走幅跳 400R）
三木義雄（ハードル）	中澤米太郎（棒高跳、十種）
相澤巖夫（100m、200m、400R）	永谷壽一（10,000m、マラソン）
住吉耕作（槍投）	斎 辰雄（十種）
沖田芳夫（円盤投　ハンマー投）	古山一郎（ハンマー）
山田兼松（マラソン）	大澤重憲（400R）
木村一夫（走高跳）	井沢清七（400R）
津田精一郎（マラソン）	山口直三（400R 出場せず）
人見絹枝（女子競技）	計　17名

タイムトライアルで12秒3という良い記録が出た。この2年間、オリンピックに100mがあるために全てをかけて努力してきた。その夜はいつもより元気であった。ベストを尽くそうと心に誓う。

開会式

入場行進が始まった。選手はパリ仕立ての燃えるような赤の上着に真っ白なズボン、人見選手は白のスカート姿でグランドに立った。ワーと湧き起こる大歓声、人見選手はボーとなってしまった。参加45か国の中でアメリカ、ドイツ、イギリスは別として日本の大選手団、日本の応援団が占めているメインスタンドの前に来たときには、万歳の声が響く。このような応援団がいることは、なんという喜びであっ

日本選手入場（旗手は中澤選手、中央で右手を掲げる人見選手）

（前列左より）山田、中澤、竹内、人見、大澤、（後列左より）永谷、南部、織田、相澤、井沼、三木、斉、住吉の各選手

ただろうか。2年前の世界女子競技会の開会式、ただ1人で行進したことを思い出していた。万歳の声が体に伝わり、目から涙が落ちてきた。この涙こそ、これから戦わんとする日本選手ならではの大和魂から絞り出される何物でもないと気持ちを高揚させるのだった。人見絹枝はアジアからのただ1人の女性参加者であった。欧米を中心にした女子陸上競技が発展していく途上で、アジアから参加した意味は、世界へ発展していこうとしているオリンピックにとっては大きなことであったにちがいない。

競技開始
（第1日）

男子走高跳の木村選手が貴重な1点を獲得した。暮れかかる雨の中を火の出るような接戦で得た6位の1点だという。1

日目のハイライトは世界的に有名なフィンランドのヌルミとリトラ選手の１万ｍレース。各国から来た応援者の興味と尊敬の念は国境をはるかに超えていた。フィンランド人だけでなく、全世界のスポーツ界にとっての至宝となっていた。レースは最後に猛烈なスピードでヌルミがリトラを抜きトップでゴールテープをきったという。

（第２日）

女子100ｍ予選の日、「人見さん貴女が日の丸を挙げてくれなかったら、他に日の丸も、君が代も与えられないのだ。今日の100ｍはそのつもりでベストを尽くしてくれ」と監督にプレッシャーをかけられる。第１予選は、50ｍでもう完全に先頭、そのままのスピードで走り予選通過。

準決勝の時間が来た。グラウンドにでると、メインスタンドの方からヒ、ト、ミーの声が聞こえる。人見選手はその方に向かって手を挙げてそれに応えた。

コールが始まり、第２組の真っ先にユンカー（100ｍ世界記録保持者）ロビンソン（米）次に人見……。ナント嫌な組み合わせ！　とにかくユンカーを抑えることだ。

100ｍ準決勝、まさかの敗退

ピストルの号砲と共にスタートした。50ｍまでは全く夢中で、その時には左右誰も見えなかった。ユンカーを抑えたなと思って60ｍまで走ると左右にちらっと赤いものが見えた。赤はカナダ選手のパンツの色だ！　70ｍまでそれと並行したと思った瞬間、その姿は人見選手の前にいる。赤色が一つと思ったのは間違いで、カナダ選手の左側にピッタリついた選手がいることがわからなかった。まだ１ｍの差はない。追いつこう

としたができなかった。90mまで抑えたユンカーにも抜かれゴールに入った時には4着。唖然として悲しくても泣くことができなかった。とどこからか大きな声で叱られるような気がした。目の前は真っ暗になり、奈落の底に落ちたような気持ちとなった。

　ホテルに帰っても、誰も負けたことを信じてくれない。夕食もとらずにベッドに入り、泣けるだけ泣いた。いくら泣いてももうどうしようも出来ない。これまでの2年間の努力もついに報われなかった。夏の暑い日、練習は何のためにしたのか、あー、全てが終わってしまった。人見選手のすべての幸せが消えてなくなってしまった。

　選手にとって名誉や誇りをこれほどまでに打ちのめされたことはなかった。競走の厳しい経験をしてきた人見選手はどのように受けとめたのか。どのように乗り越えようとしたのか、人見選手が冷静であれば敗因を振り返るのだが、それどころではない心境だったのだろう。人が変わったようだった。

（第3日）

　昨日、敗退したときの彼女は、心のうちを記している。
「寝付かれない苦しい夜も明けた。自分にとっては、夜が明けないで苦しみのままおかれた方がよかった。ホテルに敗退した選手が一つのテーブルを囲んで、敗れた自分の原因を振り返っていた。今日はこのグループに入らざるを得ない。普通の力が出ていれば決勝のスタートラインにつけたのだ、と思っても仕方がない。敗けたのだから。あの2年間の夢も、あの苦心も昨日で終わってしまったのだ。花も咲かず、実も結ばず、ああー

　自分には運がないのだ。この遠い地オランダまで来て、なんと淋しいことであろう。あの2年間の努力が敗れない私は、

とうとうスポーツの運命も昨日で無くなってしまった。ああ、敗れたものは辛い！　敗者の悲しさはこのように大きいものか。それにしてもあまりにも惨めな姿である。生まれて初めて、それこそ初めて敗者の悲しさを心から味わった。

　しかし、私はいつまでもただ悲しんでいることを、世の中の全ては許してくれない。

　男子の選手たちは出場種目で負けたとしても、日本に帰れないことはない。

私には、そのようなことが許されない。"100mに負けてしまった"と言っても日本の地を踏める身か、踏むような人間か！

　何かをもって私はこの恥を削ぎ、果たさなければならない」（[スパイクの跡]　353〜354p）しかし、その敗因を言葉に表していない。なぜ負けたのかわからないままだ。

　強い悲しみを味わった人見選手であるが、悲しみのあまり、自分が果たせなかった責任を強く感じたのだろう。その夜、800mに出場することを死ぬ覚悟で、竹内監督に願い出た。出場する種目を決める時に、迷ったこともあるが、100m1本に絞って以来800mの練習はしていなかった。都合よく800mにエントリーしていたため、出場は出来ることになっていた。

　100mで1着になれなくても、2着か3着、都合よくいけば優勝と考えていた。その元気で走れば、800mでは6着にはなれるだろうという考えもあり、エントリーがなんと、800mに彼女は、勝利をかけることになってしまった。監督は、800mの走法や戦略を彼女と考え、彼女の頭の中に詰め込んだ。気持ちも落ち着き、一応すでに800m選手になっていた。しかし体の方は、元気がわかず死骸のような状態であった。

　とにかく明日は800mの決戦の日だ。

2. 800mの死闘

800m予選（第4日）

　抽選で人見は第2組9コース、アウトコースだ。スタートラインにつきスタートしたが後ろの様子がわからず不安のまま走った。1周目ラトケがいたのでついて走った。楽なレースで2着2分26秒2で予選を通過した。これまで悲しみに満ちた心を幾分慰めてくれた。ホテルに帰っても、明日の決勝のことで頭の中が混乱していた。夜は、体中のガタガタ震えが止まらず寝ていられない。神経はピリピリと痙攣してくる。自信がない上にどのようにしてよいのか、今は聞く人もいない。廊下に出て気を静め、再び戻ってベッドに入るが、やはり震えは止まらない。3度も同じことを繰り返してみても結局は無駄だった。人見は観念した。神に祈るのみ。2年前イエテボリの走幅跳の時に、はるか故国日本に向かって祈った時と同じように、サンダムのベッドの中で思い余って神に祈るしかなかった。

　「神様！　私はとうとうここまで来て、あれだけ苦心し、あれだけお祈りし、お願いをした100mは跡形もなく敗れてしまいました。もう私は、神様からスポーツに対する私の運命を引き取られたのかもわかりません。しかし　神様！　私に今少しの運命がありますならば、どうか明日の戦いのただ一度！走らせていただきたいものであります。ただ1回でよろしゅうございます。私の体にどうか1回走らせる力を与えてくださいませ。明日もし1回走らせていただいたなら、あとはどうなっても構いません。」（前出「スパイクの跡361p）

　悲壮なまでに全霊を込めて泣きながら祈った。恥も名誉もな

かった。泣けるだけ泣いた。

　隣室の竹内監督が人見の泣き声を聞きつけ部屋に来て慰めてくれたが、いくら慰められても彼女の気持ちから涙を止めることは出来なかった。1時間も寝ていない。朝の光が昇るまで祈り続けたのだった。

800m 決戦の日（第5日）

　1928年8月2日　走幅跳の南部忠平、走高跳の織田幹雄選手は第3日目に行われた試合に惜敗し、今日は三段跳。それに人見選手の800mの決勝。競技場に向かう運河の船の上で、無口な織田選手が、誰に言うことなしに「おい！　今日負けて帰るのであったら、帰りにはこの河にはまった方がましだぜ…。」織田選手の言葉には誰も返事ができなかった。この言葉を聞けば、出場選手が死ぬ覚悟で臨んだか伺い知ることが出来る。三段跳の決勝は2時、女子800m決勝は2時半。

死闘の800m

　号砲一発、倒れるか、生きるか、人見選手にとって死の競走とも言うべきスタートが切られた。コースが自由になった時、第2コーナーを出ると誰かが前に出たがるものだ。その選手を先に出して、人見は、昨日の予選のようにピッタリと後ろにつき2周し、いよいよラスト100mでこの選手を抜けば優勝だと教えられた作戦で人見は走ったものの、なかなか思うようにはいかなかった。人見が先頭に誰かをと思った瞬間、人見は6番目になってしまっていた。出場者9人の差はほんの半メートルもないまま、400mを1周し、最後の1周にかかった。人見選手はラスト1周、第2コーナーあたりからスピードを

第3章 世界的な交流

出し始め直線コースに入ると一気に5、4、3番目の選手を、第3コーナーまでに抜いてしまった。2番と3番の間に強引に割り込んだ人見選手は、2、3歩走ったと思ったとき、すぐ後ろにいたカナダの選手の腕が強くぶつかった。人見はやむなく彼女を前に出してアウトコースに出る。2人の接戦の瞬間、前方を見るとラトケ（独）が15m先に、スウェーデンの選手は4mほど前にいる。第3コーナーで追いかけにかかったが、人見選手にはもうこれ以上走るだけの余力がなかった。その時、「手を振ることを忘れるな。手さえ振れたならもう大丈夫、足もそれについて行くから、それひとつを忘れるな！ 走って、走って、走り抜け。ゴールに入るなり倒れても、そこには先生が引き受けてやる」と言われた竹内監督の言葉が心に聞こえてきた。人見選手は意識して手を振り始めた。第4コーナーを回って前を見るとガタガタになって走っているスウェーデン選手の姿が目の前にあるではないか。抜いたと思った瞬間、人見選手は目が見えなくなったという。もうその先のことは何も覚えていない。この時の光景を目撃した某氏の記事がある。

「2周目、再び我々の前へ来たとき、人見選手は4

女子800m決勝
（ラドケについでゴールに入る人見）

位にいた。我々は声限りに人見―！人見―！と連呼した。この時である。彼女の唇はキット結ばれた。そしてその瞬間3位を抜いて2位に迫った。第4コーナーを出ると、きれいに2位を抜いてストレートコースに入った彼女は、15m先のラトケ（独）を追いすがらんと力走を続けた。本当に力走というのはあれであろう。一歩、一歩、骨を削り、命を縮めて近づいていく。精かぎり、根かぎり追いすがっていく。これが大和魂の発露でなくて何であろう。15mの差を僅かに2mに縮めて、今一息というところでゴールに入ったのだ。」(注1)

　彼女の心の中では、1周する間に、前日の予選の状況を思い浮かべ、如何に勝つかを思いめぐらせ走っていた。最後の1周の第4コーナーを過ぎるころは、勝つことへの執念が伝わってくる。持ち合わせた体力以上の走り、決してあきらめない精神力、女性として国民の代表としての強い意識が、気を失うような走りの中で彼女を支えたのだ。終始先頭を走ったラトケ選手が優勝、2分16秒8の世界新だ。しかし2着となった人見選手の2分17秒6もまた同じく世界新だった。日本においては、1928年に出されたこの素晴らしい記録は1960年まで32年もの間破られることはなかった。そしてまた日本人陸上女子として、ここで獲得したオリンピック初の銀メダルは、同じ岡山市出身の有森裕子選手が第25回バルセロナ（スペイン）大会のマラソンで銀メダルを獲るまで64年間かかった。しかもその日は同じ8月2日であった。それほどに偉大なものであった。ゴールで倒れた人見選手を見て、三段跳の試合中であった織田選手と南部選手が駆けつけ、ふらふらの人見選手の肩を抱くようにして三段跳選手のところまで連れてきて、そこでドイツのマッサージャーに体をほぐしてもらった。次第に意識は

回復し、手助けされながら起き上がれるまでになった。南部選手の話によると、選手の倒れ方が、人見を除いて仰向けに倒れていたのに対し、人見選手はうつぶせに倒れていて、なんとも日本女性の奥ゆかしさを感じたという。そのことを毎日新聞記者に話したと言い、それが記事になったようだ。800mのゴールでは次々に走り来る選手がゴールに入ると、倒れ方はともかくバタバタと倒れる姿が見られた。精魂尽きるまで選手たちが全力を出し切った姿といえよう。この800mレースのゴールで起こった状況は、世界中にすぐさま打電され一大センセーションを巻き起こすことになった。翌日のニューヨークタイムズ紙は「決勝に進出した選手は、ゴール後、全力を果たしてグランドにバタバタと倒れこみ、11人の哀れな女性たちがグラウンドに散りばめられた。」と報じた。

勝者を讃えての国旗掲揚

スタートの瞬間、6着でもよいと人見選手は思っていたが結果は2着だ。嬉しくて涙が止まらない。中央にドイツ、左に日本、右にスウェーデン。国家の名誉と自分の名誉のために責任を果たしたのだと思うと、ますます涙が止らなかった。三段跳は織田幹雄選手が優勝！　彼女は、この競技場で一度は日章旗を仰いで君が代を万国民に聞かせたかった。その日がやっと来たのだ。日章旗を見ながら君が代を聞いたとき、心から日本国民の幸せを感謝せずにはいられなかった。

女子800mの波紋

女子800mゴール後の報道を契機として、アメリカなどの体育指導者たちが中心となって多くの人々が、プログラムの中

に800mを女子陸上競技種目に採用したIOCの判断を無謀なものとし、その決定を取り消すようにとの声が上がり世論を沸騰させた。英国の医師団は本国から専門家を派遣し、研究中だというニュースも流れた。日本の場合も「いかにも残酷な女子800m競走、国際競技に起こった大問題の後報を待つ文部省」(注2) という見出しで　米国のマッケンジー氏の研究を採り上げている。それによると、「800mは、中距離走で耐久力の競争である。大きなストライドと素晴らしいピッチを出さなくてはならない。そのため良い胸郭と身長を有すること」を揚げている。さらに文部省は、文部省体育研究所の研究結果の理想的標準を、女子10歳＝200m、12歳＝250mと示している。それ以上は女子の身体には適さないということになっている。女子の身体が競走に適するのは女子高等女学校下級生頃の年ごろで、それ以上になると肺活量が劣ってくるからである。男子でさえも肺活量などから考えてみても中長距離は大変な種目であるのに、女子に800mは到底不適当であることは明確であるとの結論である。日本においては800mを禁じているわけではないがと断りながら、今日まで幸いにして一度もまだ問題になるような被害の実例はなかった。これは競争に支払われる努力が大したものでなかったということで、オリンピックで問題になったのは、世界的な記録の競走に支払われる努力が女子の身体を破壊するところまで行ったのか、行きかけたのか、どちらかであろうと想像されている。

オリンピック種目から除外

　死闘を繰り広げた800m種目を除外することは、800m以前の女子をオリンピックに参加させる問題にも大きな影響を及

ぼした。オリンピックに女子を参加させることをもともと反対していたイギリス、フィンランド、カナダの代表たちからは、当然800mも反対であった。そんなことで大きく考慮されたと思われるが、世界的に男女同一競技場で実施する傾向が強くなって、女子陸上競技人口が世界的に増加していることを認めつつも、女子が陸上競技に参加することを変えることなく800m種目参加の否定発言をしている。

オリンピック終了後、8月6日IAAF総会で、次回のオリンピックに女子が継続的に参加することについての討議が行われた。投票では、賛成16か国、反対6か国で継続的に参加することが決定された。この時の決定が、今日まで存続しているのである。

そのあとFSFIとIAAFがオリンピックで行う女子種目について討議がなされFSFIは10種目（800mを含む）を再度提案した。種目数決定の投票では、FSFIの10種目提案は、反対14、賛成8で却下された。この反対票の中には日本代表として本野子爵がいた。オリンピックに女子が継続することには賛成するが、10種目提案には反対している。

その後の種目

種目の具体的内容の変遷では、800mに200mと砲丸投が削除され、代わりに80mハードル、100m×4リレー、円盤投、槍投が加えられた。次の大会から1種目増えたのにすぎなかった。800mが復活するようになったのは、1964年の東京オリンピックからである。それ以後、男性と同じ種目数の採用をIAAF女子委員会で並々ならぬ地道な努力がなされた。筆者もIAAF女子委員会のメンバーとして1984年にIAAF総会時に

選挙されて以来、15年間務めた。その間、ミリア夫人の1928年以降、オリンピックの陸上競技女子種目の採用実施などに努力し進めてきた。特に、マラソン、5000m、10000m、棒高跳、ハンマー投、5種競技を7種競技に変更するなどに関わり、これらが採用され今日の実施に至っている。1984年女子委員会に加わった時には、女子陸上競技実施種目は、17種目、男子24種目であった。2000年には男子24種目に対し、女子22種目となり、2012年には23種目までとなった。男子種目数と女子種目が同数になったのは、2017年ロンドン世界陸上競技大会である。この状況を、人見選手はじめミリア夫人ら当時の多くの女子選手が知ったら、きっと喜んでいるに違いない。同時にここまでくるにあたっては、男子側の理解と協力があってのことであり、この状況は男子選手たちにとってもきっと良い影響を与えてきたにに違いないと確信している。

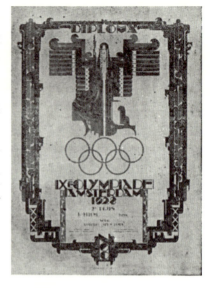

人見選手へ届いたオリンピック賞記

　人見選手の日本代表という誇りと責任感は、単に負けた悔しさや次に頑張ればよいというような、単なる敗者個人の感情だけではない。人見選手がスポーツ選手として命懸けで闘うという全能力であったに違いない。そのことが人見絹枝のあり方を見たり聞いたりした人たちが感動し、いつまでも彼女の名と

800mの死闘のドラマをいつまでも記憶させているのである。

(注1) 人見絹枝著「スパイクの跡」 368p
(注2) 1928年8月5日東京朝日新聞（夕刊）

3. 極度のスランプ

スランプに直面

　人見絹枝はオリンピックの惨敗で傷心し憔悴し切っていた。100mに勝っていたならば、それまでの2年間の努力も実を結び、歓喜に浸っていたに違いないが、それが敗れたことによって人見選手の活き活きした元気は、すっかり消え失せてしまったのである。人見選手への激励として「若いのだから、もう一度、次の機会を待つべきだ。」と声をかけられたら、それはあまりにも競技生活の真剣さと代表選手の心中を知らない人の言葉と思われたにちがいない。全力で努力した選手でなければ敗れたときの心の底の気持ちはわからないのだ。(注1) 800mで2着になり、「大任を果たして揚がる日の丸に、涙を流し見上げたことも、あれでよかった」と自分に言い聞かせたとはいえ、それは心からの喜びではなかった。人見は代表選手としての苦しみを痛切に感じていた。帰国すると、各地の講演旅行が待ていた。この年1928年11月だけでも16回にわたって出かけている。講演の内容は、第2回イエテボリ大会とアムステルダムオリンピック大会の思い出である。イエテボリ世界女子競技会の歓喜に満ちた思い出から、アムステルダムの100m惨敗の夜、ホテルでむせび泣いた苦しい思い出を話した。いつも同じに、悲喜こもごもの強い感情で涙しながら語った。慌ただしい年末も講演旅行で過ごしたが、なぜかこの頃になるとスポーツに対する興味は湧いてこなかった。時間がたてば回復するだろうぐらいの軽い気持ちで、いい休養の時だと思いながら、この際思いきって勉強もしようし、体も休ませ、肥ることも考

えた。この時いわゆる「スランプ」に陥ったと思われる。

　人見がオリンピックの土産として、表彰式の優勝者に対して国歌が演奏され、国旗が掲揚されるその情景を目の当たりにして感激したことを心に強く刻み、忘れられない光景を記憶に焼き付け、持ちかえってきた。その感激を大毎社の記者として彼女の発案で高校野球勝利校の校歌演奏と校旗掲揚が1929年の春の大会から始じめられることになった。夏の大会は1957年の春から28年も遅れての実施である。人見のオリンピック時の感激が、野球の場面に伝えられることになったが、人見の発案とはいえ、1928年末は関心を示すことなく、スランプで苦しんでいた。

　1929年の新年を迎えたが、人見の身体には回復の兆しは見られず、それどころか緊張や集中の気力が切れてしまったような気持ちがさらに変質して、すべてが憂鬱の世界に引きずりこまれていく状態になっていった。来る日も来る日も寝られない日が続く。何もしたくない。やがては引退することが頭にちらつくようになる。新年は、いつもであれば最も大きな仕事をしなければならない年だと意識を高め、強い思いを持つのであったが…。来年の第3回世界女子競技会こそが、前回から4年の間、命をかけてもと楽しみに待っていて、自分自身でも大いに期待していた大会であるのに、いつもの燃え上がるような気力がないままに、1月も焦燥感で体が覆われた状態で経過していた。

明るい光を求めて
　人見選手は相変わらず悶々とした日が続いていた。その間に

ミリア夫人を思い浮かべることが多くなり、思いあまって夫人に手紙を書いた。

「ミリア夫人 1928 年、ベルリンでお別れした際、あんなに固くお約束したプラハの大会も、もう来年になりました。私はアムステルダムから帰って先ごろマダムにもお手紙を差し上げました通り、体の調子がよくありません。ずいぶん回復の機を楽しみにしていましたが、今日もまだ体は弱っています。アムステルダムの 800m がこんなに触っているのでしょう。明年のプラハで懐かしいミリア夫人のお姿を見ることが出来ないのかと思うと淋しくなってきます。歳の加減ですか、もう私も 23 になりましたから。こんないやなお便りをしなければならないことをどんなにかお淋しく思っていらっしゃることでしょう。」

人見選手は心の苦悩を、母のように心配してくれているミリア夫人に手紙をしたためたのだ。ミリア夫人からの温かい返事が届いた。

「お手紙ありがとう。貴女からの手紙をどんなに喜んで読んだか、貴女には想像つかないほど喜んで読みました…（略）…。貴女はなんというお馬鹿さんでしょう！ 22 や 23 で年寄りだなんて、私が知っている選手の中には、25 や 28 の年輩で、なおかつ一流選手の名誉を持っています。私が見た目だけでなくアムステルダムで貴女が 800m に 2 等になり、後日のベルリン国際大会で走幅跳、800m、やり投げにあの名誉を得たのを見た多くの人々は、貴女の技術が、今最高に達せんとしていることをよく知っています。また、今まで日本の女子スポーツ界にあれだけ尽くしておきながら、今スポーツ界から退くなどということは大きな罪であると思いませんか？ こうしたこと

は一切これから言わない方がいいでしょう。ベルリンで約束した通り、元のような元気さにかえって、プラハに是非とも姿を見せてください。貴女の活躍の舞台は、次々と広がって行っています…（略）…。」

　人見はミリア夫人からの手紙を、何回も何回も繰り返して読んだ。温かい気持ちに触れ感激していた。岡山の母は、「勝っている間が花だ。今度の大会だって負けたと知ったとき、どんなにお前が気を落としたか、気が気ではなかった。勝っている間に早く運動は止めてくれ。」との言葉を思い出して、今は他人の言葉に左右される自分に悩みを抱く人見選手であった。

「ツェッペリン伯号」着船でラトケ選手と手紙交換

　人見は極度のスランプに追い込まれて苦悩の淵にいた時期、社会では金融恐慌が世界中にひろがり、日本でも重苦しい生活を強いられていた。そうした時期1929年8月に世界一周のドイツの飛行船グラーフ・ツェッペリン（ツェッペリン伯号と呼ばれた）が北海道、横浜、東京の上空をデモンストレーションしながら旋回し、霞ヶ浦飛行場に着船した。滞在は5日間、まだ空を飛ぶ乗り物が珍しかった時代に見物客は、連日30万人を超したという。人見選手には、偉業ともいわれた世界一周のツェッペリン伯号を通してオリンピック800mの勝者ラトケからの手紙が託されていた。ドイツの偉い人々から日本の名士宛に数えるほど僅かな手紙の中に、人見選手宛ての手紙があったのだ。彼女は驚き、声を上げて喜んだ。返事を書く期間は5日間、必死にラトケとオリンピック大会やその後のベルリン大会の情景を思い浮かべ、決して弱みを見せなかった彼女に対して自分のありのままの姿を書いた。

ラトケへの返事は、次のようである。

「…（略）…。私は折につけ、オランダの苦しかったレースを、その後のベルリン大会を、そして忘れることの出来ない偉大な貴女の姿を思い出しております。…（略）…私は、去年外国遠征を終わって日本に帰ってきますと、急に今までの緊張が緩んでグラウンドに立つ元気などはすっかり失ってしまいました。再びスパイクをさげて、グラウンドに、燃えるような希望で立てるかとずいぶん長い間、案じ続けました。アムステルダム大会で100mに出場し、貴女の友である、ミス・ユンカーと戦い、しかも二人とも敗れて暗い控え室で泣いたこと。たった一人で日本から行っている私には、100m 1種目で敗れたからと言って引き上げることは出来なかったのです。一度も日本で走ったことのない800mに出たのも、全く100mの償いでした。苦しい800mですっかり半死の状態になってゴールに入りましたね。貴女もそうでしたね。そして二人が人心地ついて目を開いた時は、あの優勝マストの中央に貴女の力による三色のドイツ国旗、そして荘重な国歌が、あのオリンピック会場をすっかり包んでいました。そして日本の国旗が、二等のマストにひるがえっていましたね。二人で肩に手をかけあった時は、お互いに胸が張り裂けるばかりでした。貴女は稜々とひびいて来る国歌を、歌いもやらず感激していられました。私も貴女の肩に手をかけたまま、大きな声で感泣しました。

"ラトケに負けて悲しいか、よく走ったではないか"と貴女のマネジャーに言われ、泣いていた私には、お返事も出来ませんでした。うれしかったのです！　一回もレースをしたことがない私が、800mで二等になったのですから。私はスタートの時、六等になってとおぼつかない覚悟を決めていましたのに、

望みもかけぬ二等をとったのですから。

　しばらくしてこの喜びからさめると、私は今まで闘いとおしてきた長い間のトレーニングの疲れが、急に私の全身をおそってきました。前途に光明を失った私は急に淋しくなって、ロンドンの町も、オランダの水も、ベルリンのドイチェクラブのグラウンドもそして英国やフランスの海外の友達とも、親愛なるラトケとも永久にお別れしてしまうのか、また会う機会のないものとずいぶんメランコリーになっていました。

　とうとう私はこの悩みを手紙にしたためて、フランスのミリア会長の元に送りました。親切な私等のマザーであるミリアは、遠いパリから早速お返事を下さって、私を大いに励ましてチェコの大会にも1932年のロサンゼルスオリンピックにも、ぜひ元気な姿を見せてくれとありました。考えてみますと、私も来年、大切なチェコスロバキアの大会があります。それにはぜひとも出場し、今まで二回にわたって行った外国遠征に、たった一人で参っていますが、今度こそ、若い少女選手を、四,五名連れてまいります。幸い春のシーズンを迎えるころには、疲れた心身が元のように回復し、来年のプラハへの大きな希望が出来ますと、また一生懸命にトレーニングに励みます。来年プラハでは、どうしてもお目にかかりたいです。深くお約束しましょうね。…（略）…さようなら」(注2)

　長い激しいスランプから脱出の明るい希望を持ち始め、素直な気持ちを書くことが出来たことは、ラトケに対する友情を感じ、本来の自分にかえってきたことを認めはじめたのであろう。1929年を迎えた1月から8月までの間、極度のスランプが彼女の気力も意欲もさらに思考力も失った状態で苦悩の中でもがいていたが、彼女なりの努力の一つに世界的な視野を持つ信頼

（左から）ミリア夫人、人見絹枝、木下東作博士

するミリア夫人に相談したことは大きな解決を導き出す糸口になったと思われた。

世界記録を持つ人見選手は記録保持者として後に続く選手のリーダーとしてのプライドや人間としての高い人格を身に着けていることがスポーツマンのあるべき姿と考えていたことは、客観的に判断できる重要な観方になったと思われる。こうして長い期間のスランプを乗り越えた後に、ラトケに記した手紙にもあったように、後輩を連れて行きたいという前向きな日本の女子陸上競技についてのイメージが、体を目覚めさせる力に変わり始めていた。ラトケからの手紙も脱出の途に就く契機になったと思われる。

（注1）人見絹枝「ゴールに入る」（東京一成社　昭和6年2月発行）
（注2）「花粋」田尾栄一編集（文堂出版　人見絹枝女史遺稿　1975.2発行）

第4章
一人はみんなのために、みんなは一人のために

1. 苦闘と闘う

派遣費用捻出の苦闘

　待ちに待った1930年―人見にとってこの年が最高に恵まれる年となるか、恵まれないものとなるか―いずれにおいても、幕は切って下ろされた。窓に差し込んでくる希望の光を浴びながら人見は静かに目を閉じ、オリンピックを目指す多くの後輩が生まれてくる過程を考えてみた。連盟の人々が後輩をプラハに送るよう、その実現に向けて進めてくれていることを思い浮かべると感謝の涙がほほを伝わっていた。彼女が強く望んでいた第1歩なのだから。イエテボリ以降の4年間の苦しみや心の中に消えることのなかったその腹立だしさも、すべてが過去の遠い思い出になって彼女の頭から消え去ってしまっていた。生まれ変わった人間のように澄み渡った体となって、1930年の神々しい新年を人見は迎えた。

日本女子スポーツ連盟の役員総会開催

　年の初めの活動は、プラハを目指す議題で役員総会の幕が開かれた。議題は＊日本からの選手派遣の可否について―である。人見絹枝選手の過去2回の海外遠征で、外国スポーツ界に対

する日本スポーツの位置付けも確立した。今度の第3回世界女子競技会に対しては人見選手以外にも多くの選手を送り、更に日本女子スポーツの地位の向上を確立し、海外に対してもより親密さを加えたいとの狙いがあった。

* 選手派遣は可能かどうか— 最初から優勝目指すことはさておき、日本の将来のためにこの際、人見選手以外の選手を送る必要がある。ただ欧米選手に対して勝利を得ることは困難であろうが、リレーに人見選手を加えれば入賞圏内に入り得る可能性は十分にある。
* 派遣費用とその捻出方法について— 過去の人見選手派遣費用を参考にすると、1人の経費3,000円、リレーチーム4名、監督1名の計5名分15,000円が必要となる。それを最小限度とし、それらをどのようして捻出するか。

議事は進まず、様々な意見が飛び交い混乱の呈を示した。1銭の貯えのないところに15,000円を言い渡されてみると、役員10名の頭には具体的な妙案はすぐには浮かんでこない。大会が9月上旬であることから考えると、選手の出発は7月中だ。今から着手して半年の間に準備しなければならない。夜遅くまで討議されたが良い案は出ず、来月2月上旬に臨時会議を開くこととして、各人に重い宿題が課せられた。2月に入り臨時会議が開かれた。最初に口火を切ったのは木下会長である。「1万5千円は言うまでもなく大きな金だ。その募集方法の寄付行為の方法で、先ず有力者から直接寄付をねだってみること。次に、大きな興行をやってみること」などの意見。「10人の役員が一致してかからなければ決してできないと思う」と強い口調で話した。他の役員の新しい案の声は聞かれなかった。

選手派遣費用の捻出方法

　人見絹枝の意見─　人見の頭の中には、折角の機会も費用がなければ派遣できない。頭を絞り出すということは、このことだろう。人見は「何かいい方法はないでしょうか」と呼びかけ、「何分女の事でもあるし、女の選手であることを少しでも表しうるように…」(注1)「女の代表選手？」女子役員から声があがった。彼女は普通のことと違って、今回は女子という意義を強く人々に強調して、全国の女子を動かしてはどうであろうと考え「全国の女学生を動かして少額の寄付を受けることは可能なことではないでしょうか」と発言した。大阪視学官も「出来ないことはないと思う」との言葉。役員の人々から「全国の女学生を動かすことは実に名案、少額を持って多勢にあたる こともーつの方法だ」と賛同の意見が口々に出された。役員全員、女性役員の意見通りに女学生たちから寄付を集める方法が話し合われた。

　人見は、プラハへの代表選手は、彼女以外に当然全国の女学生から4～5名の代表が選ばれることになるのであるから、大きく言えば日本4千万人の女子の代表でなければならないと強く感じた。この名誉に対して全国の女学生にこれらの代表を「われらの代表」として送る責任感だけでも持たせるようにすることは、決して無意味なことではないと考えた。人見の意見に賛同した役員によって、その夜のうちに、次のような案が成立した。

　具体案には、一口10銭、応援袋の作成（全国の女学校数を800校として、1校500人と計算、約40万の応援袋を作成）、その応援袋には大阪を中心に大商店の広告を入れて作成依頼をしてみる。応援袋を全国の女学校に3月中に配布する。日程は、

5月中に大体の目算を立てる。作業として応援袋の作成に関する関係官庁に対する手続きを行うなど。

プラハへ代表を送るという人見の考え

アジアの中の日本という国を世界に示せるという大きな意味はあるものの、まだ小さな国である日本が大国を見て世界を知り、どのような努力が必要か感じ取ること。選手にあっては、日本女子の代表という自負と責任。陸上競技にあっては、国内の多くの女子選手に対して今後の努力に影響を及ぼす模範的な選手としての活躍。更には海外から得たことなどを糧にして、将来の指導者として活躍を期待する考えなどがあった。木下会長は「よし！　俺も一生の大仕事だ、やってみよう」と会議での長い沈黙を破って発せられた大きな声は、悲痛なものではあったが強い力がこもっていた。

人見の仕事―　決定後は募集に至るまでの下準備に夜遅くまで追われた。その内容も文部省や各地方官庁への申請や交渉など、多岐にわたった。机の上の未決済の仕事が山積みとなり、1日の整理では到底出来なかった。会長も毎日、早朝に出社しては知人や名士に寄付金の依頼に奔走。彼女も会長にお供をして大会社を訪ねては長時間待たされながらも、連盟の仕事、世界女子競技会、選手派遣などについての説明を加え、心を込めて寄付の依頼をした。人からお金を受けるその苦労を味わったことのない人間には、わからない苦しいものであった。自尊心も何もあったものではない。木下が会長の地位と年齢でお金依頼に知人たちを回るなど、木下会長と人見の気持ちは将来の日本女子陸上競技のことを考えての活動で、すっかり一つになっていた。人見は自分の練習は時間がなくて充分行うことも出来

ず、世界女子競技会選考の予選会が目の前に迫ってきた。大毎社の後援によって連盟も美吉野の予選会も、今日ここまでになってきてなお継続されているのだから、自分がやるのは当然だと認識していた。人見自身は今までのような練習は出来なくなっていた。焦燥感にかられ悩みながらも、彼女の持てる強さで進んで行くしかなかった。このように目的に向かう自分の意志と態度は、これまでの絶え間ない練習と努力によって培われたものと言える。人見の人並み外れた精神的強さでもあった。この時期、人見絹枝を体育人として育てた二階堂トクヨは第3回世界女子競技会の選手派遣費用として、他に率先して金1,000円を寄付した。(スポーツマン誌 1930. 9巻3号) このトクヨの競技選手に対する寄付は自身の体育・スポーツに対する考え方に大きな変化がもたらしたものと見てよい。当初、スポーツ選手を好まず、科学的体操で体をつくることを薦め、指導をしていた。1927年になって「女子にスポーツは必要なことだと感じ、この4月から選手養成する考えを持つようになった。」と語っていて、選手支援の寄付は、スポーツに対しての理解と、真剣な取り組みを表すものと言えよう。

第7回日本女子オリンピック大会兼第3回世界女子競技会予選会開催

1930年(昭和5)5月「第7回日本女子オリンピック大会兼第3回世界女子競技会予選会」が美吉野のグラウンドで開催された。日本女子スポーツ界始まって以来の盛大なもので、大連、九州 本州から参加者500名以上がやってきた。人見は裏方に回ってサポートすることに徹し、他の選手のことを慮って三種競技にのみ出場した。2日間のレースで日本全国女学生

の羨望の的となる名誉の代表選手たちが決定したのであった。

代表選手決定

本城ハツ(19歳)京都市立二条高女、短距離 100m 12秒8

中西みち(18歳)京都市立二条高女、100m2着、80mハードル 13秒2(日本記録)

村岡美枝(18歳)愛知県立第一高女、60m優勝、短距離、走幅跳、ハードル種目が得意

渡辺すみ子(15歳)私立名古屋高女、(初出場)100m

濱崎千代(20歳)京都市立二条高女 走高跳(日本記録保持者)

人見絹枝(24歳)大阪毎日新聞社記者

以上の選手6名である。人見選手以外、みな20歳以下の若い選手たちであった。

最終選手選考会議の席上で谷三三五氏が「派遣選手が決まれば、人見のやっている仕事をこの際、一切とりあげてやってください。与えておけば止めはしないし、いつまでたってもきりがありません。今、人見の力は昔ほどの立派さではありません。早くこの不振から救い出すことは、今何よりも大切なことではありますまいか。」と強く発言した。この発言を聞いて、人見は感謝の気持ちを抱くとともに自分の力がそこまで落ちていると考えさせられ驚きもした。木下会長の集められた金額は5,000円に達し、7月の出発までには予定の15,000円が集まるものとして、選手数もリレーチームだけは見通しがついた。経費捻出方法の提案から実施に移るここまでの苦労に対して、人見は逃げたり、人に頼ったり、迷いや中止したりは決してしなかった。協力者と力を合わせながら、ここまで突き進んできた。選手は女子の代表者という位置づけをして、日本の女子陸

上競技の発展に向かう強い目的が彼女の心の中には大きく拡がっていたからなのだ。

悩みは、果てしなく

　コーチ選考の悩み―　選手の決定は、何の波乱もなく即座の決定となったが、コーチ派遣については意見が多くて、なかなかまとまりがつかない状態であった。それは人物の不足ではなく、お金の不足からの議論であった。その後、費用の問題を持ちつつも最終役員が決定した。

　最終役員決定　日本選手団団長・木下東作、監督、コーチ・井尻忠雄

「人間はどんな時でも、大詰めとなるところで団結を失ってしまう。自分を捨ててまで人のために仕事は出来ないものである。金を集めるには相当の地位も名誉も入用だが、それだけではまだ駄目なのだ。自分の身を捨ててかからねばできるものでないらしい。」（人見の感じた人間性の観察だ、原文のまま）

日本女子選手団（左から中西、濱崎、井尻、村岡、人見、本城、木下、渡辺）

一人はみんなのために、みんなは一人のために（デューマ著「三銃士」から）

第3回世界女子競技会（プラハ）

人見の、人間が人間らしい活動を苦難な時こそ団結・協力していけるのか、そうあって皆で乗り越えていきたいとの気持ちが、この言葉に適切に表れているようだ。派遣費の中軸をなす応援袋の準備が整えられつつあり、やるしかない。1日も早く応援袋の発送と同時に、木下会長のヨーロッパへ仕事を兼ねて先発する2週間前までにお金の奔走必要であった。5月中旬にはほぼ大体集まり、応援袋は為替となって送られつつあった。中には「農村の疲弊のためといい2円」送ってきた女学校もあった。そうしたお金は、額の多少にかかわらず緊張した人見たちの心を何とも言えない温かさと力と勇気を与え、感謝の内に包まれた。人見選手は少しでも早く集めて、会長の不安を少なくして出発させてあげたいと願っていた。2週間の間かけずり回ったが、目標額に到達することは出来なかった。役員の費用などの問題を残したまま木下会長が出発することは避けてやりたかった。会長の心中を思うといたたまれなかった。

（注1）遣費用捻出の苦闘については人見絹枝著「戦うまで」の2. プラーグを目指して（P45~72）を基礎にして記述した。当時の派遣苦闘は、人見選手の具体的な実際の活動を彼女の言葉を伝えたいという筆者の思いである。

2. 憧れの第3回世界女子競技会プラハ大会へ

出発準備

　各選手たちは、プラハへの激励の送別会に追われていた。送別会を受けながら人見選手は練習や旅の準備もしなければならなかった。が、それどころではなかった。まだ15,000円が予定額に達していなかったのだ。そのような時に、田中隆三文部大臣から国旗の下付があるとのことで、一行は大阪から東京へ向かい大日章旗を文部大臣から授与された。「今度の遠征は、貴女以外に幼い選手も行くことであるから、ご苦労もこの上ありますまい。…（略）…、一行が日本選手の名を常に心にとめて、日本女子スポーツ界のために尽くしてもらいたい。体に気を付けるように。」と文部大臣のお言葉。さすがに彼女も緊張を覚え、責任の重大さを感じていた。これまで日本女子スポーツ連盟に対する公的な接触は初めてである。しかし、経済的な援助は全くなかった。

プラハへ出発

　出発まであと1週間。人見は次から次に湧いてくる仕事に苦闘しながら、不足のお金のことが常に頭にちらつき、半ばうつつの状態であった。7月25日、出発3日前のこと。日を追うごとに送金があり、この日ようやく15,000円に500円オーバーという金額が集まった。とにかく集まったのである。実際に15,000円を手にしてみれば、1銭もないところから一歩一歩作り上げてきた苦労の結晶であればあるだけ、涙の出るほど

ありがたいものであった。人見選手の心のなかでは、プラハで唯一東洋の代表として日本選手6名が如何に活躍するかを示したい。勝っても負けても正々堂々と戦ってこよう。日本の国民であるという自覚は私たちの頭から離れることの出来ない事実であり、私たちを送り出してくれた日本のため、また日本3千余万の女子のためにという気持ちでいっぱいであった。

今回は人見にとって3回目の海外遠征であるが、出発時における新鮮な緊張感はまた異なっていた。それは日本全土の女子選手の遠征に寄せられた精神的、物質的な大きな応援をいただいたことを考えると、どのようなことがあろうともその責任を果たさなければならないという重くて強い思いが胸一杯に広がってくるのであった。大阪駅では、友人や家族の見送りで1,000人近い人たちでごった返していた。発車後は下関、それから船で釜山まで行き、再び列車に乗り換えて京城(現ソウル)、さらに長春で寝台車に乗り換えながらプラハまでの長旅だ。乗りなれないのか、寝相の悪さなのか、一夜にして二度も寝台ベットから落ちた選手がいてハルピンへ着く前に、珍談第1ページが作成された。珍談第2ページは、ホテルのベッドから三度落ちた新記録者がいた。皆で笑いながら，楽しい旅を過ごした。若い選手たちは、明日からシベリアの長旅が始まるというので、今夜は是非キャバレーを見せてくれと彼女にひどくせがみ始めた。彼女もまだ一度もキャバレーは見ていないのに、選手たちは人見選手を引き連れて行こうと勇んでいる。ホテルのキャバレーを見せることにして、ホテルの人に頼んで彼女は、自分は行かずに一人でベッドに入った。選手たちは「キャバレーを見る元気もないのは年よりだ」とからかう。人見選手は、この6日間のシベリアの旅の合間"旅のつれづれ"として短歌

を詠んでいた。

旅のつれづれ

産近き故郷の姉の身を思い　今夜も久しくねむれざりけり

うす暗く大夕立に打ちけぶる　さなかに見ゆる白樺のあわれ

わがボーイ摘みてもて来し百千草　ヤカンにさして部屋に飾れり

恋も欲し金も欲しきや人のすむ　よすがさえなきシベリアの野に

しのべどもなほしのべども恋したう　君の姿のへだちおるかな

旅に出て早くも十日過ぎにけり　シベリアの旅いまだつきぬに

　6日後モスクワにようやく到着。次はワルシャワ。ここで木下会長が出迎えにきてくれて「ああ、よく来てくれた。無事でよかった」と一言。彼女は会った瞬間、重い責任感から解放された気持ちを味わった。その後、チェコへ出発した。夜が明ければ、いよいよ夢にみたプラハだ！

胸躍るプラハへ到着

　待ちに待ったプラハのウイルソン駅。同国の首相夫人や大会役員をはじめ、数千の国民が駅前で日章旗を持って歓迎してくれた。これまでにない熱狂的な歓迎を受けた。人見は何故こんなに歓迎されるのか、嬉しさの中にもやや不思議な気持ちを感

プラハ・ウィルソン駅に到着した選手団(右から木下会長、2人目が人見絹枝)
(毎日新聞社提供)

じていた。イエテボリ大会で親しい友人となったスモローバ選手(走幅跳3位)がチェコ選手を代表して、美しいバラの花束を人見に贈った。8年間プラハに在住している鈴木福治氏は、「日本人でこれだけ歓迎を受けた者は、今まで一人もいない。在住期間日本人がプラハに来ても目立つような官民の歓迎を受けた例は、一度もない。」と断言している。さらに、「日本公使館の門柱と自動車の先にひるがえる日章旗以外には、どこでもこんな歓迎を見たことがない」と日本雑誌「アスレティック」誌に寄せている。チェコ陸上競技連盟の事務長が、日章旗を自動車の先に立てて市民の歓迎を受けながら、「セントラルホテル」へ案内。(ホテルは現存している)

体重減量作戦

到着その日からグラウンドに向かい、井尻コーチ作成のメ

第4章 一人はみんなのために、みんなは一人のために

グラウンドでの練習風景

ニューで全員がトレーニングを開始。木下団長は各国の最近の記録を調べていた。2週間が過ぎるころ、目に見えない爽快さが選手の顔や体に現れていた。大会8日前に、人見選手と同室の村岡選手がここのところ肥えてきたことに気がついた。2、3の選手が「どうもお腹が張ってきた。」とか、「腰のまわりに肉がついた。」というのを耳にしていたので、思い切って人見は腹囲の測定をしてみて驚いた。皆、ひどい肥り方である。木下団長、井尻コーチも慌てて部屋から飛び出してきて「走り方がおかしいと思っていた。腹ばかり前に出して。」と。早速、食料半減法をとることにした。練習に差し支えない程度の食事を減らすことが始まり、大会を目前に減量作戦で何とか防ぐ方法を実施し、成果は見えてきた。以後は毎朝、起床とともに腹囲を測定して減量することに成功をおさめ安堵した。

チェコスロバキア選手と鋭気を高める親睦会

　大会2日前、チェコチームの計らいでプラハ郊外の山の中にあるホテルで鋭気を高めるためにと親睦会が開かれることになり、みな喜び勇んで参加した。約1か月の間、毎日練習を共にしたチェコスロバキアの選手も一緒だった。森や林の中で枯れ木を集めにまわり、ホテルの前に小山のように積み上げて、やがて細い三日月が落葉の上にかかり始めると、火がつけられた。チェコの歌、日本の歌声が交互に響き合う。夢のような集いである。大会のことなどは誰の頭にもなくなっていた。国を超えて、同じ人間として一つの気持ちになりきっていた。この場にいる若い選手たちは、同じ人として同じ経験をして忘れることのできない思い出が時に触れて深く刻まれていく。夢のような大切な、そして平和な思い出だ。チェコの山よ！　プラハの野よ！　ありがとう！

　1930年9月6日から始まる大会3日前、プログラム発表の前夜、木下団長（監督）と井尻コーチから各選手の出場種目とその作戦が話し合われた。みなの出場種目が決定し、人見は各選手が自己ベストを尽くせるようにと祈った。選手の決定については、女性の仲間に対しての微妙な心理的問題を配慮されたものであった。選手たちは心を一つにして、助け合いながら6人が戦っていくところに技術以上に大きな力が生まれることや、日本人特有の負けじ魂を発揮し、予想以上の成績を残せる結果でありたいという気持ちを持っていた。彼女は、自分自身の心に刻み、実現する状況と方法を如何につくり上げるか、頭をフル回転させていた。チェコでも言われている"一人はみんなのために、みんなは一人のために"の言葉が頭を刺激する。

第4章 一人はみんなのために、みんなは一人のために

開会式

　第3回世界女子競技会の晴れの舞台の幕が切って落とされた。大会に臨む6人の選手は元気一杯だ。小林チェコ代理公使、東京女子体操音楽学校の藤村校長、京都堀川高等女学校の野田校長その他多数の邦人が応援のために集まってきていた。入場行進の先頭は英国、日本は8番目、人見選手が大日章旗を掲げ、全員白のユニフォーム姿で凛々しく場内を1周し正面に向かって整列をした。日本の両側には英国とドイツでそれぞれ20名からの選手団だ。大会会長の挨拶、ミリア会長の開会の辞、選手代表を務めるチェコスロバキア選手の宣誓後、数百の鳩が放たれて有名な圧巻のソコール集団体操があった。天候はやや曇りがちで時々雨が降ったが、観客は続々と増え、優に3万人を超えた。日本に対する声援は特に大きく、スタンドの後ろにいる邦人たちは、日の丸の扇を持って声を高く応援する。その声援で日本選手の行進は、会場の雰囲気を一層燃え上がらせ、応援に来た邦人はこんなに肩身が広かったことはかつてなかったことだと口々に話していた。

第3回世界女子競技会（1926年）入場式（アサヒスポーツ提供）

競技開始

(第1日)

80mハードル第1予選 中西選手はトップで予選通過。

60m第1予選 「プジプラヴィット」(位置について)「ポゾール」(用意)緊張が高まり、号砲合図でスタートしたが、村岡選手は落選、同組のワラセヴィチ選手(ポーランド)が1着。人見選手の組は人見が1着。

100m第1予選 人見選手は2着に6mの差をつけ12秒8で1着。本城選手は、ワラセヴィチ選手(ポーランド)の組で、ワラセヴィチが先頭で本城選手は落選。渡邊選手は3着で予選通過。

200m予選 人見選手は第1組、すでにコースのくじも終わっていて、皆はスタートを待っていた。100mの気持ちを落ち着かせる間もなく無我夢中で走った。予選通過。

60m準決勝 ドイツの第1人者や英国の強い選手がいる。2着までが予選通過。ピストルの音と共にスタート。今日はどこまでも幸せであった。人見選手は強敵2人を紙一重で破り1着。

(第2日)

走高跳 1m50跳ぶ選手が6人もいる。30名近い選手の中、浜崎1m44の記録で第8位に入ったが予選通過ならず。

ハードル準決勝 中西選手は2着で予選通過、決勝に進出することが出来た。

60m決勝 ワラセヴィチ選手を筆頭に6人がスタートラインについた。雨は一層激しさを増し、スターターの声も聞こえないまでになってきた。1回スタートしたが、選手全員がた

第4章 一人はみんなのために、みんなは一人のために

まりかねてグラウンドからスタンドの下に駆け込んでしまった。グラウンドは水たまり状態となったが40分の中断後、再開された。顔や頭から雨がしたたり落ちる。ユニフォームは絞れるほどの状況だ。号砲後、数秒でゴールへ。火の出るようなレースは人見選手にとって4年前のイエテボリ大会とで2回めだった。1着ワラセヴィッチで7秒7、2着ゲリウス、3着人見選手で2、3着は7秒8の同タイム。熾烈なレースだった。

100m第2予選 向かい風11mと報告された。人見選手は2人の選手に抜かれ3着、予選落ち。オリンピックの雪辱はかなわなかった。悔しさが濡れた体を駆け巡る。

200m第2予選 100mの第2予選落ちに泣く間もなく、茫然自失のままスタートラインに立った。無我夢中で走り、とにかく予選は通過。

400mリレー予選 グラウンドは薄暗くなっていた。日本チームのオーダーは 渡邊、中西、本城、人見である。レースは難なく1着で通過。 人見選手は、100mに敗れた淋しい気持ちはぬぐいきれず、さらにみなに彼女のたより甲斐のなさを抱かせたのではないかと心配だった。

60m決勝後(右から)ワラセヴィッチ(1位)、ゲリウス (2位)、人見絹枝 (3位)

(第3日)

　昨日の疲れが多少感じられた。外の雨は昨日にも劣らない降りだ。最終日となる今日こそは全精力を絞り出さなければならない。祖国への強い責任感と代表選手という名誉、そして若い選手たちに代わって立つ自分の姿を、人見選手は自分の胸に迫ってくる万感に心を痛めるのであった。しかし弱っているのではない。張り裂けんばかりのファイトをもち、他国の精鋭を眼中にも入れない剛胆さを持っていることを確かめるのであった。人見選手は9時から槍と走幅跳の予選に加えて三種競技が午前中に、午後からは走幅跳、槍さらに中西選手の80mハードル決勝、400mリレーの決勝がある。8時に防寒具を持ちホテルを出た。昨日の天候不順でシベリアで引いた風邪の咳が、またぶり返してきて止まらない。槍投、走幅跳が同時刻9時にスタートする。この両種目の対応をどのようにするか頭を悩ましていた。どちらの種目を先にするか、槍も走幅跳も秘かに優勝をねらっていたのである。時間はやってきた。木下監督から、自分の好きなほうからやればいいと言われ、槍投役員に断ってから、自分の得意種目である走幅跳の所に大急ぎで走っていった。

　走幅跳予選　走幅跳では出場者を2組に分け予選を行うことになっていたが、天候問題もあって急遽2組を一緒にして予選を行うことになった。人見選手と渡辺選手は急いでウォーミングアップを開始し、助走の歩測が終わると同時に第1回の試技が始まってしまった。人見選手は1回目で踏切が実に心地よく、これまでにない気持ちよさで体を踏切板に載せた。これならしめたものだという感じが体一杯にひろがった。3回の試技で人見選手が5m78で予選1位、それを確認してから

人見選手は槍の場所へと走っていった。

槍投予選　人見選手が走幅跳の予選を終わって槍を始めるころは、すでに他の槍の選手の試技は終わっていたが役員たちは彼女のために待っていてくれた。グラウンドを見ると 40m を超えたドイツの標識が一つ、40m ライン近くにもう一つ、3 位は 35m あたりにあった。人見選手は、前の標識を見ながら続けて 3 回投げた。36m ぐらいは行ったのではないか。3 位に入った。

走幅跳と槍投が終わった頃には、雲ゆきが急に崩れて猛烈な雨が降り出した。グラウンドは、昨日よりさらに一層雨水が溜まり、競技は一時中止となった。

三種競技予選　約 1 時間、役員室で雨やどりをして、三種競技の 100m を待った。そのころになると咳が苦しいほどに出続けてきた。競技再開。100m は 13 秒 0 だった。向かい風と軟らかくなったグラウンドでは満足せざるをえなかった。午前中のプログラムが終わると、すぐにホテルに帰り、昼食をとる。

午後の競技開始

ハードル決勝　スタートした 6 人の第 1 ハードルは横一線。第 2 ハードルで好調にスタートしていた英国のガン選手が足をひっかけて第 3 ハードルを倒してしまった。その間に中西選手はガン選手の前に出て 5 着でゴールした。

走幅跳決勝　風は朝より多少強くなっているものの、助走路は湿気がとれている。強敵ガン選手は、ハードルで打った時の赤くすりむいた膝頭を人見選手に見せながら涙ぐんでいた。人見選手は 4 回目 5m88 と踏切は上出来、5 回目は 5m90。ガ

ン選手は4回目ファールと奮わない。人見選手は最終試技者であるので、6回目の試技で人見選手の記録を超す選手はいなかった。優勝が決まったことを知ると、落ち着けるだけ落ち着いてから最後に6mを狙った。安心感と心にすきが生じたのか5m60にも達せずに終わってしまった。

表彰は、起立したまま両目を閉じた。湧き上がる4年前のあの日ことを！　君が代の演奏が始まった。重厚な音が響いてくる。背面から君が代を5人の少女たちの歌う声が聞こえてくる。人見選手の名を呼ぶ観衆のどよめき、4年前に円盤投で優勝し、今回も優勝したコノパスカ選手（チェコスロバキア）も走り寄ってきて人見を抱き両頬に祝福のキスをしてくれた。イエテボリで親しくなった友である。異国の友が優勝をこんなに喜んでくれることに感無量となった。次はすぐ200m決勝だ。

200m決勝　200mの後には槍投決勝と400mリレー、三種の槍が残されている。大任があることを思い起こす。200m出場によって力を使い切り400mリレーの4位を外すことがあってはならない。この種目のために日本から、わざわざ力を集中してやって来たのだ。責任を果たせないことになる。そう考えて、思い切って200mの棄

走幅跳び決勝（プラハ大会）

権を決めた。

槍投決勝　予選で40mを投げていたドイツのシューマンが42mを投げ、ハウグスも40mラインを超していた。人見は40mの目標にはとどかず35mで3位となった。

400mリレー　槍が終わるとリレーが始まるばかりになっていた。人見選手が自分のコースにつくとすぐにピストルが鳴った。ドイツ、イギリス、オランダは桁違いの力をもった国なので日本の敵にはならない。彼女の左足は槍の関係で疲れていて痙攣を起こしていた。第三走者からバトンを引き継いだときはフランスから1m半ほど遅れていたが、死にもの狂いで走ると、前にいたフランスの姿がいつしか見えなくなって4着でゴールインした。メンバー6人の全員の力で1点を獲たのだ。人見選手は、200mに出ていなくて良かったと心の底からつくづく思った。

　グラウンドは暗くなってきていたが、まだ三種競技が残っていた。寒さは日本の12月頃の寒さとなっていた。

三種競技決勝　絞りに絞った力で人見は、走高跳を1m40で跳んで、なんとか1位を保持していた。ドイツは三種競技で得点を稼ぐという大胆なやり方で、三種最後の槍投げに賭けてきた。そのためドイツの槍の世界記録保持者は槍投種目には出場しないで、力を温存して臨んできた。人見を葬ってしまうというこの策戦が見事に的中し、ゆうゆう38mを越している。疲れ果てている人見は午前中に出した35mにも達しない。とうとうここでドイツ選手に負けてしまった。三種競技1位のドイツ選手は200点、人見選手は2位で194点、その差は6点であった。

　息が切れそうになるが、こみあげてくるいっさいの思いを超

えて、すべてが終わった安堵感に浸った。アーよくやった！これが私のベストだ。人見選手の偽りのない気持ちだった。イエテボリの大会にただ一人で参加し、仲間なしでベストを尽くし、初めての国際大会で個人総合優勝を獲得した時の喜びは大きなものであったが、5人で共に励ましながらベストを尽くして4位となった喜びは、一人では決して味わうことが出来ない喜びで溢れていた。それは一人の何倍もの喜びであった。彼女はこのことを感じたのだ。

　3日間の人見の活躍は、超人としか言いようがない。自分の競技種目のみならず、若い選手たちへのアドバイスや世話、レースで全力を挙げるための励まし、外国選手への気配りも忘れないなど、精神的のも限界であったにもかかわらずその体力的、感情のこもった心は、人間の限界を超えるあり方を人見選手は示していた。シベリアで引いていた風邪での、のどの痛みや、咳などすべてを体に押し込め動いたのだ。

　人見は、日本で女子選手が世界を見てもっと強くなりたいと思うとき、女子の立場に立って指導する指導者がいない。指導者を育成する組織や制度や機会がない。どうしたらいいのだろうと人見選手は、考えなければと強く思うのだった。若い選手と一緒に国際大会でチェコに来られたことで、文化、習慣の違いがあることを見たり、聞いたり、感じとりながら、その中で多くの未知の経験をすること。そして世界は日本だけではないことや進んだ国があることから得たことを、後に続く人たちに伝えてほしい。その役割を果たす指導者になってほしいという彼女の後輩に対する今回の目標を改めて思い起こすのだった。それが人見の強い念願だった。

賞品授与式

人見は若い選手たちに助けられながら、やっとの思いでホテルへ帰ってきた。その夜、9時から近くの会場で賞品授与式とティーパーティーが開かれた。おぼつかない足を引きずりながら会場にたどりつくと、各国選手があらゆる賛辞をもって祝ってくれた。

国別対抗成績　優勝—ドイツ　57点、2位—ポーランド26点、3位—英国　19点、4位—日本　13点
個人対抗得点　優勝—　ワラセヴィッチ（ポーランド）個人優勝メダル授与
2位—　人見絹枝　大カップ、5個のメダルを授与

立っていられないほどの苦しさに襲われながらようやく人見は、ホテルに帰ってきた。ホテルの食堂に行って一同で祝杯をあげた。人見選手は、ただとりとめのない歓喜と燦然と輝くメダルとカップを枕元に置き、ベッドの中に入ったが寝つかれず、これまでの4年間の過し方が頭の中をかけめぐっていた。2度の世界女子競技会参加、自分の命以外になんであろう。両眼からこぼれ落ちる涙は消える暇もなかった。

女子選手の総決算1等番付表が記載された。そこには人気1等：人見絹枝（ドイツのハインツ・カバリエル氏の記事から抜粋。1930年11月号「アスレティック」誌）　人見絹枝の人気は高く、グランドに出ると彼女の応援が飛び交い、試合後などは拍手と声援でアナウンスが聞こえないことがしばしばあったと観衆は語っていた。各国の参加選手、観客の応援者が口をそろえて讃える人見への評価だ。人見の競技姿勢が伝わっているのだろう。

3. チェコ国民の応援と固い絆を得て

　チェコスロバキアに約1か月滞在した日本選手団は、親日的なチェコスロバキア国民と、好意的なプラハ市民に囲まれて生活した。国民性から見て日本人と似通った面が多い。人を大切にして相手を思いやり、社会的モラルも高く、忍耐的な面も深い。当時、日本人をどのような目でみつめていたのか、いくつかの新聞で取り上げてみたい。

チェコスロバキア新聞記事から

「日本における女子スポーツ」（Lidove noviny 紙　1930年7月19日 p3）

　1926年の第2回イエテボリ世界女子競技会までは日本の女子スポーツについて、世界には何も知られていなかった。そして今日最も有名な日本選手で世界的に名高い人見選手が現れなかったら、現在も何も知られていないままだろう。彼女の素晴らしい記録は全世界を驚かせ、その視線を日本の女子スポーツに向かわせた…（中略）…。人見選手は本気ですべてのエネルギーを尽くしながら女子スポーツの普及の課題にあたった。日本で一番人気がある陸上競技のほかバレーボール、バスケットボールの選手も多い。このゲームでも日本は、世界の舞台で重要な役割を果たすであろう。また、よく行うスポーツには水泳とテニスがある。他サッカーとホッケーは選手が少なく、組織されていない。女子スポーツ分野で、最近まで知られていなかった日本は、今年の競技会で数多くの種目で活躍しようとしている。間違いなく自国の女子スポーツの普及に力を尽くした人見

第4章　一人はみんなのために、みんなは一人のために

選手の功績は大きい。今までの競技会で残した好記録、その記録を出すために限りない努力に対して日本国民の感謝の気持ちはいかばかりか。

「日本選手のプラハでの生活」（Lidove noviny 紙　1930年8月20日 p4）

　エキゾチックなお客さんは、今はプラハでは珍しくないが、世界女子競技会に出場するために訪れた6名の小柄で子供らしい日本の女性はやはり注目を浴びている。到着当日、自分たちでスタジアムを見つけ、到着してまだ4時間しか経っていないのに、疲労も見せないでハードなトレーニングにとりかかり、みんなを驚かせた。そのトレーニングはここではめったにないような辛抱強さ、忍耐強さを持ち目標に向かって行っている。そんな凛々しい姿とは対照的に、宿泊地セントラルホテルの食堂の朝、髪を短く太いお下げにした小さな学生、田舎の女の子に見える。静かに座り、相当な食欲で、スポーツや物事を行うときと同じように勤勉さと慎重さで食事をとっている。身に着けているイギリスのスカーフが全く似合わず、ヨーロッパ風の白いクロス掛けのテーブルに座っていると奇妙な印象を受ける。私たちの基準からすればあまり健康には見えない。白人の女性の美の伝統的な感覚とは合致しない。それでも不思議な魅力がある。繊細で細いラインで描かれた、少し平たい黄色がかった小さな顔に黒く光る細い目が鋭く刻みこまれている。こ

新聞の挿絵

の女性の顔の並外れた繊細さは、不思議な正確さを持つ古い日本の絵画や桜の国の異様な陶器を思い出させる。この細い女の子が陸上選手とは思えないほどである

　新聞記事は、日本人選手の珍しい特徴や規律ある生活態度などを詳細に観察しているが、礼儀正しさ、勤勉さ、忍耐強さなどを特徴として挙げている。

　スポーツ雑誌「STAR」から（1930年8月18日発行　p5 大会特集号）

　プラハ到着の際、市民の温かいもてなしを受けている日本選手の大会参加は、きっと我々国民と日本の国民との間の友情を深めることに大きく貢献するだろう。日本人は全国で友好的に歓迎され、彼女らの4週間、特にプラハでの滞在が良い思い出になるよう市民が、自発的につとめることであろう。一気にチェコスロバキアのスポーツの友人たちの敬愛を得た日本人であるが、プラハの大会の招待に、これほど快く応じてくださったことは、我々はいつまでも忘れることはない。トレーニングと環境への適応による選手の徹底的な準備を目的とした日本チームは、競技会の1か月前にプラハに到着した。この大会を日本選手がどれほど真剣に受け止めているかを克明に示している。日本選手のスポーツへの関心は、今月11日に到着直後にはっきりと表現された。アジアとロシアを通り14日間かけて到着した日、その4時間後第3回世界女子競技会から公式なガイドブックを手にすることなく、また派遣される役員に会う前に、レトナー競技場を自分たちで見つけ、トレーニングに打ち込んだ。選手たちはレトナー競技場のトラックが良いなどと話していた。多才な選手でオリンピックにも出場した世界的

第4章 一人はみんなのために、みんなは一人のために

に名をはせたキャプテンの人見選手も短距離ダッシュや槍投げの練習を試みた。彼女の投げは素晴らしく、42mを繰り返すことができれば世界記録になる。日本選手のトレーニング方法を観察することが出来、感嘆するばかりであった。極東の陸上競技においてのスポーツが勤勉になされていることを物語っている。…（中略）…。 1928年のアムステルダムオリンピックや今年（1930）プラハで行われたデビスカップでもわかったことであるが、日本の選手は模範的な謙虚さ，振る舞いの親切さ、心の底から出てくる規律正しさで人々を魅了し、この面で他のすべての国民の男女選手の手本になれる。このようなことを考えると、人種の違う国民がなぜ短時間で大きな進歩を遂げたか理解できる。すべての言動に伴うある種の真剣さ、克己心と真面目な勤勉さこそ日本人をアジアのトップに立たされたに違いない。20年前、スポーツにおいて、日本は、殆ど知られておらず、この興味深い国民についての他の情報も寡少だった。スポーツでは、体育の一部になっている自己防衛（訳注、武道のこと）のことしか知られておらず、水泳が人気のあるスポーツであることもわかっていた。ヨーロッパの大会に何度も出場した人見選手は、日本の女子体育が大きく進歩したことを見せ、1928年のオリンピックでいくつかの陸上種目で日本選手が世界のトップでも無視できない相手となった。織田選手が日の丸の旗の途にオリンピック優勝を手にした。それ以前、日本選手が知られたのは、1920年、アントワープオリンピックで世界トップの10チームに入った。それぐらいであった。20年経った今、日本のスポーツの水準が尊敬されるようになった。最近行われた国際学生大会と北欧のいくつかの大会への出場において、日本の陸上選手はその優秀さを実証した。日本は完璧

に組織された体育の実施によって、世界の先端グループに突進し、陸上分野でも黄色人種の優秀な代表である。

Narodni listy（＝国家新聞）（1933年6月28日）
「日本女性の姿は変わった」今日の工業国の日本を矛盾の国と呼ぶことが出来る。古い習慣、古い伝統が近代的な生活と衝突し、現代の日本の国民は、生き方だけでなく外観まで異なる老若の二層に分かれている。現代の違いがこれほど大きい国は、他にはないだろう。男性も変わったが、女性の変化がさらに著しい。16、17歳の女の子は全く様子が違って、お母さんの娘には見えないほどに、青白く細い顔に弱った身体という美の理想が覆り、スポーツ的女性の理想がだんだんと強くなってきている。椅子を採り入れ、古い座り方がなされなくなると共に、足が変化しスポーツをするのに十分な栄養により、上半身も強くなり、成長が促された。現在の女の子は親の世代と背の高さが違い、近いうちに「小さな日本人」という表現も使われなくなるだろう。日本の若者の変化に最も大きな変化を与えたのは、人見絹枝選手だった。1931年に結核を患って24歳で若死にしたが、その足跡を追う若い世代という不死の資産を残した。人見は日本スポーツの最初の

人見絹枝と浴衣姿の女子選手たち

女性代表として1930年にプラハを訪れた。数多くの記録を獲得し、自分の力を超えるほどの仕事をし、日本女子の強い愛と尊敬の心をえた。日本の若者のスポーツ的な精神は、精神的、芸術的行動と密接につながっている。先駆的若者が多いのは大都市である。田舎では古い慣習が根強く、社会の女性は都市であっても固着している。日本の母親たちは、古い習慣から脱出し伝統を忘れた娘たちに合わせることが出来ないでいる。日本の女性解放運動の勢力がまだ弱いことはそのためであろう。若いが成人になるまで、まだ少し時間が必要かもしれない。日本の女性はまだ選挙権を持っていない。若く自覚して女性と女性の力とエネルギーの発展を阻害している古風の女性の間に深い溝がある。先行者の仕事の成果を味わえるのが次の世代かも知れない。平民の女性、つまり労働者の女性が窮屈で、古い伝統に固着した社会上位にいる女性より考えが柔軟で、変化に対し心を開いているということが世界のどこでもそうであるように、日本でも成り立っている。女性運動が高まるにつれて、芸者のロマンチックさも薄れてきている。チップをもらって喫茶店やバーの客をもてなす、「女給」という新しいタイプのウェートレスが現れている。決まった料金で踊ってくれる踊り子も娯楽街によく見かける。女性の職業としてマネキン広告女子やスチュワーデスが新しい。今のところ、日本を訪れる人にとって、日本は古い世界と新しい世界の完全な矛盾にあふれた色とりどりの風景に見える。しかし近代の運動が、現代のテンポで進むのであれば、日本の古い側面が間もなく消え、実践的で近代的な西洋とロマンチックナ東洋の違いがなくなるだろう。

　日本社会がデモクラシーの時代を迎え、日本女性の姿の変化

しつつある状況を見つめて書かれていることは、日本の社会的、歴史的な理解を持っていることがわかり、面白い。未来を見つめ、そのテンポを東洋の違いがなくなることをも予言しているスポーツの歴史の観方で見ることも、当時としては斬新的であるだろう。

チェコの新聞記者の取材から―人見絹枝との会話

大会当時の新聞記者ヤン・ノボトニー（Jan Novotny）が、約60年近く経た1989年6月22日、人見絹枝について1930年当時のインタビュー記事を振り返り新聞紙上に書いている。人見の強い印象が60年を過ぎてもなお強く胸に刻まれているのである。

世界女性年であることをきっかけとして「命の母たる人々の名誉をたたえ、人類のあらゆる活動領域において価値創出の際の女性の役割を承認し評価するときである。その際には、平等を目指した女性たちの努力の途上で生じた闘い、困難、無理解が思い起こされる。それゆえ、われわれがかつてスポーツ、とりわけ陸上競技においていかなることが生じていたかを、思い起こすことは決して無意味なことではないだろう。…（中略）…。プラハ大会の際立った2人の人物、ポーランドのスタニスラヴァー・ワラセヴィッチと日本の人見絹枝。髪の毛の色、気質の点で全く対照的であった。ワラセヴィッチは太陽のように輝き、彼女の周りには終始変わらぬ賑わいと生き生きとした生命がみなぎっていた。日本の人見の方は、すべての光線を反射する満月の強い印象を与える薄明りが、彼女を包んでいた。記者たちは二人のどちらに焦点を絞るべきか選択を迫られていた。

第4章　一人はみんなのために、みんなは一人のために

わたしは月を選ぶことにした。自分にとって謎に包まれ、閉鎖的で有名な日本娘に近寄ることは容易ではなかった。チェコの役員に仲介してもらい、レトナー競技場で紹介された。その日の夜、面会を約束した。ロマン・ローランは「なぜ小説を書いているのか」という質問に対して「書かないことは出来ないから」と答えたそうだ。人見絹枝も「なぜ競技をしているのか」と聞いたら、同じような答えであろうと確信している。彼女にとっても、スポーツは個人の必要性と満足感だけでなく、母国の女性の立場に対する反抗も伝える媒体であった。このことは、確認してはいないし、記者本人の推量に過ぎないが、もっともっと重要な理由があったと思われる。…（中略）…。大会時のインタビューでバラの花束を進呈したとき、日本独特の丁寧さと儀式で感謝の気持ちを伝え、プラハの歓迎が非常に心のこもったおもてなしを受けたこと、それに対して自分は何も貢献していないことを含め、すべてありがたいことだと話した。さらにポーランドのワラセヴィッチ選手は優秀な選手で、現在負かすことは出来ないプラハの英雄だと話し、自分と比較されるのに自分は及ばないといっている。プラハの街についてはあまり見ていないが、とても気に入り、とてもいい反応を示してくれて、日本チームだけでなく、選手にみんなが心の温かい環境の中で競うことが出来ることに感謝していることを強く話してくれた。最初のインタビュー時には無口で適切なこと以外は言わないように警戒している人見選手と話せば話すほどその顔が異なるように見える人見は、どちらが本物か？　さらに「ロサンゼルスのオリンピックまであと2年、1928年のオリンピックの800m走でラトケ選手と0.8秒という僅かの差でしたが、この距離の競走は、女性にふさわしくないとして中止になりました

が、国際オリンピックの判断の通り、女性にとって本当に危険な競技だと思いますか？」答えはやや長い時間があった。人見の選手の顔が緊張し「そんなことはありません！ 女性はそれより長い距離を走る日が来ます」と強い言葉で答えた。機会があれば、また喜んでプラハに来ると約束したのだった。（チェコ新聞、邦訳は全てカレル・シュワドレンカ京都大学準教授）

　ヤン・ノボトニー記者は、人見選手の人間的な素晴らしさだけではなく、陸上競技に取り組んでいる目標、姿勢や態度のみならず、自分を高めるための学ぶ意欲や、たゆみない努力を感じ得たに違いない。インタビュー後の再会は果たせなかったが、陸上競技を通して日本の人見絹枝選手を人間としての誇りをチェコの国民に伝えたかったのではないかと思われる記事である。

チェコ国民の日本人に対する歓迎の心に刻まれているもの

　遠いアジアから何日もかけてやってきた日本人について、その情報は少なく、珍しい国、チェコと似て小国であるという日本人について、人見絹枝を中心に、大会を機に新聞や雑誌に国民性や特徴が多くとりあげられている。市民の中には日本人につい知りたいという欲求が少なからず見られ、その知識と理解が広がっていったと考えられる。チェコスロバキア国民の親日的な状況は、歓迎の時だけではない。そこには過去の歴史的な「シベリア出兵」の事実が影響しているようにも思えるのである。1918〜1922年までの間、連合国が「ロシア革命によって囚われたチェコ軍を救出する」という大義名分でシベリアに出兵した。その後、日本はシベリアへ陸海兵士73,000人を出兵させた。背景には日本の領土拡大政策と、ロシア2月革命

における変化で、ロシアに滞在していたチェコ軍4万人が帰国不能となった。それら兵士を日本はシベリア方面へ遠回りさせ、海を渡って兵たちを帰国させた。1920年初頭には、チェコ軍救出という目的を達成した。第3回世界女子競技会に日本選手が参加したのは、チェコ軍帰還から10年後である。その記憶が、どの国よりも親日的な感情で歓迎を受けたことは、この歴史的な問題と関係があるように思われるのである。

　以上、チェコスロバキアの当時の新聞、雑誌、その後の人見に関する新聞記者の記事を掲載したが、一言で言えば、日本に対して、非常に親近感を抱いていることである。もっともっと日本人のことを理解したいという要求があるように感じられた。

日本と同じように小国でありながら、歴史が発展してきた過程は大きく異なる。隣国の侵略に対して対等に戦うとか、積極的に侵略し戦争をする在り方ではない。国民が結束して侵略に耐えて乗り越えていく。日本と戦争に対しては異なるあり方である。

　人間を大切にし、互いのコミュニケーションを自然に身につける。相手を思いやる心は、日本の戦争前の日本人が強く持っていた性格に似ている。人間的な共通の部分が基盤になって理解しやすく、遠く離れたアジアの日本人に共感する部分に触れて親近感が生まれてのではないかと思われた。

第3回大会のスター、スタニスラヴァー・ワラセヴィチの死

　この大会から、約半世紀過ぎた1981年（昭56）1月22日のAP電は、人見が最後までベストを尽くし競争意識を持ち続

けたよきライバル、ポーランドのスタニスラヴァー・ワラセヴィッチの死を報じた。彼女はその後米国に移り住み、オハイオ州クリーブランドの市役所で働いていたが、1980年12月に強盗殺人とみられる事件で殺害された。検視官の報告で彼女が男性であった事実が判明した。男性でありながら、女性として生きてきた、或いは生きなければならなかったワラセヴィッチ―。人見が生きていたらどのように思っただろうか。

第5章
人見絹枝逝く

1. 病に倒れる

大会終了後、各国転戦

　人見選手は疲れに疲れ、体がジンジンと痛み、眠ることが出来ず苦しい夜を過ごしていた。大会の様子が頭の中にぼんやりと浮かんでくるが、思い出してみる勇気も自分の記録なども考える気力もない。ただワラセヴィッチの強さだけが酷く疲れた頭の中を動き回っていた。翌朝、鏡を見た時、あまりにやつれた自分の顔に驚いたという。プラハの街、古城、河、応援してくれた人々、友人たちに別れを告げるのは、日本を離れるより淋しく悲しかった。親のように、同胞のように、慰められて、励まされていたチェコスポーツ連盟の人々に駅の暗い光の下での別れは、こんな重苦しい悲哀はなかった。彼らは泣いた。私も泣いた。ナスダール！（さようなら）の潤んだ声が聞こえてきた。新興のチェコスロバキアよ！　プラハの街よ！　そこに住む人々！　私たちは心から皆様の幸福を祈ります。

　街の光が見えなくなるまで目を潤ませプラハの方向をジッと見つめていた。

ポーランド戦

　ワラセヴィッチの出場で雪辱戦ともいうべきであったが、体

はフラフラ、3日間で60m、100m、走高跳、円盤投、槍投、走幅跳に出場、走幅跳は、石にかじりついても負けてはならない。精魂込めての跳躍。この種目だけ凱歌があがったが、他は全て敗北。

ドイツ戦

ベルリンで独・日・英の三国対抗戦、人見は最悪の状態。もはや精神力だけの努力のみ。100mは捨て身の一戦。がむしゃらに走った。ドイツの世界記録保持者を破り勝利。走幅跳は、強敵ガン選手が人見の不調を知りながらも人見の記録を超すことは出来なかった。1926年スタートを切った競技生活に'30年10月で全てゴールインしてしまった感じだった。人見選手の心の歓びも気軽さも、彼女の中には、自分以外語ることもできない気持ちだった。ここまで全精力を身体の不調ながらも使い果たしたためか彼女の競技生活への終止符を予感させるような感じ方を心と体と頭で触れたように思われた。

ベルギー戦

楽な試合と思っていた。最初の100mは人見と渡辺選手が1、2着。後の200m、砲丸、円盤、走高跳はどれも勝てると思っていたが、苦境に立たされてしまった。挽回してポイントを得なければ負けてしまう。自分が出場しなければならないのかと思うと腹立たしい頼りなさを感じた。彼女の奮闘によって5点差でベルギーに勝った。勝ったといって喜びで呑気に構えている時ではない。世界女子競技会で全エネルギーを出し合って得た第4位の成績とプライドを捨て、今回の勝ちという甘い夢を見ているならば早く醒めなければならない。世界第4位の

日本は、ベルギーにさえこの苦戦なのだ。人見は、目を閉じて、この日本の女子のスポーツ界とその実力を思い、反省するよき機会と試練を今回与えてくれたことを神に感謝していた。しかし、体はもう立てなくなっていた。

フランス戦

ベルギー戦が終わった夜、人見選手の体はボロボロで本人ももう駄目かと覚悟したという。夜、高熱にうなされ一晩中、悪夢に追われながら地球のぐるぐる回るような頭を抱えてベッドの中でもがき続けた。詰まったスケジュールで力はどん底にあったといえる。選手として放免にはならず、結果はフランス46点、日本は38点。彼女の死にもの狂いの頑張りはやっと終わり、両脚が何度か折れるのではないかとさえ思ったほどだ。

スポーツ選手には、自己を犠牲にしても最後まで全体の責任を果たすという純粋で強い精神を持っている人が多い。人見選手もまさにその典型である。現在の選手は、どのように考えるであろうか。世界記録を持つ日本の選手として、相手国と全力を尽くして戦うことは相手国に対する礼儀と考えていたのだろう。不調であってもそこで尽くせる力すべてを発揮している。第3回世界女子競技会が終了してから、人見選手にとって、11日間で4か国との対抗戦の参加で、不調の体に鞭打って出場したことは、どんなに苦しく長かったことか。体の筋肉の落ちるところは、すべて落ちたかのようだった。

帰国の途

帰路の船旅はロンドンを出港し、ジブラルタルとフランスのマルセーユに寄港し、地中海、紅海へと南下しながらコロンボ

船上の女子選手たち

へと進む。船酔いが始まった。1週間は死んだようになり、ベッドから離れられない状態となった。やがて船酔いも次第に収まり、故国に一歩一歩近づいていくかと思う嬉しさによって、これからの40日間の航海が楽しみに変わってきた。

故国からの手紙

ロンドン出発から10日あまりでマルセーユに寄港して、まず誰もが飛びついたものは、故国からの手紙だった。人見はプラハ大会の様子が掲載されている日本の新聞が見られるのだと思うと胸がときめいた。命がけで戦ったこの一戦を、故国の人はどのくらい満足してくれているのだろうか。戦った者の心には、これほど待たれるものはない。大毎社、大朝社を比べて読むこと半時…、今の今までプラハ大会と各国転戦に対して"立派にやり遂げた"という自己満足に浸りきっていたところ、その人見の前に突きつけられたのは、「気をつけろ！　故国の人

は満足していないぞ」とあった。いっぺんに冷水をかけられたような冷たい淋しい気持ちが、ザーと覆いかぶさってきた。力が抜けたような気持ちで、先輩や友達の手紙をひったくるようにして読んだが、ねぎらいの言葉はあるものの「…（略）…考えようによっては前のイエテボリ大会の成績が良すぎたのだ。今度の成績は君の実力かもしれない。もっともっと期待していたが、走幅跳に優勝したということは、君自身にとってせめてもの慰めにもなろう。とにかく心配しないで帰ってこい…。」「出発の時、あれだけ大きなことを言って出発したくせに、今度の成績はどうです？　恥ずかしくて近所の人にも顔が合わせられない始末です。世間の人も、今まで貴女が1等をとるというのでいろいろ話してくれたのですが、今度という今度は、取り合わないでしょう。帰る時はベールをかぶっていらっしゃい。」

　人々の期待は、勝つことだけなので、努力の過程も全力を発揮したことも、勝つこと以外は評価されないものとなっていた。この考え方、あり方は、現代のスポーツにも強く流れている。順位やメダル数獲得の結果がスポーツの面白さを増長して、その期待をあおるあり方は100年近く経た現在でも変わりがないようだ。人見は、最後まで手紙を読み切ることは出来なかった。両眼から熱い涙がとめどもなく手紙の上に落ちていく。「そうか、あれだけやっても世間の人々は、まだ満足してくれなかったので…ベストを尽くしたのだ…と思った自己満足の不注意さが悔いられてならない…。そうだ、いくらなんといっても再びプラハに帰ることは出来ないのだ。勝手にするがいい、あれ以上誰ができる？　…私は故国日本帝国女子を代表したのではないのだ。人見個人としてプラーグに行ったのだ…そう考えていただこう！　私はあれ以上働けなかった。死んでもそれ以上私

に不満があったなら、勝手にするがいい。」(「ゴールに入る」)

　人見選手は、部屋の鍵を閉めベッドにもぐり、大声で泣き続けた。誰が慰めても彼女の傷つけられた心はもう元のようにはならない。興奮した状態が続き、「何が故国だ！　何が日本だ！

　もう一度船をロンドンに帰して、懐かしい友のもとに帰りたい…。」しかし白山丸は、人見の気持ちとは裏腹に、一路日本へ日本へと向かって行った。彼女の気持ちは収まる気配がない。幾日が過ぎ短歌を作った。酷く傷ついた人見の心は気持ちのはけ口を求めてだろうか、一般の人と隔たりを意識させ、この上もないエゴイストにさせていくと、自ら認識している

　1930年11月6日神戸港に帰着。父猪作は、絹枝のこれまでに見たこともない疲労した姿に驚いて、すぐ静養するように伝え、心配しながら岡山に帰った。父親の心配をよそに、彼女は岡山に帰らず、下宿に帰宅した。

人見選手の体質と気力

　人見の体格は外国選手に劣らないものであったが、体質は決して強いとは言えなかった。特に、二階堂体操塾に入学した1924年頃は、家から離れて寮生活という環境の変化のためか、体調不良の日が多く見られていた。その中で、風邪を引きやすい体質であったようだ。その年の人見の日記を見ると、体の不調、激しい頭痛、胃の変調などでその時々に医者に駆けつけている。2月になると胃の変調が多くなるが、旧正月の過食が原因だと自己診断をしている。競技に対する精神力は大胆な面がある反面、日常の生活においては繊細な部分もあるようだ。1923年（大正12）の岡山高女時代に、脚気と診断されながら、医者同伴で参加したこと。その時、ドクターストップがかかっ

ているとはいえ、走幅跳に4m67という日本新記録を出し、その参加の気力たるや、常識的ではないものすごいものがあった。1930年のプラハ大会後、ベルギーでの対抗戦で、800mは体調不良で断ろうとしたが、優秀な選手がいることがわかり、無理して出場した。彼女はゴールに入るや否や倒れ込んでしまった。その後マッサージを受けて、最後の400mリレーを走ったのだ。責任感の強さも人並み外れた強い意志が働いていることは勿論、どんな場面でも、無理を重ねても走る意欲は止むところではなく、その結果も決して日頃より劣るということは殆どなかった。小さい時から風邪を引きやすく、呼吸器系統の病に選手として悩まされながらも、スポーツ選手として一生自分の身体と戦い続け、進んでいったことは人見の特徴であろう。

派遣費募金のお礼と講演会

　帰国して、休むことなく翌日、勤務先の大毎社で大会報告をしている。11月には東京に行き、東京日日新聞社主催の参加者約1,000余名集めて講演をし、日帰りで帰阪した。吸入器持参であった。翌日は、京都で帰国歓迎会、12月に入っても世界女子競技会の話など、3月までに講演会を行った。わかっているだけでも1月は大阪、名古屋、京都の3回、2月は三重、東京、四国など6回と寒い季節、休養することなく駆けずり回っている。3月になり四国徳島市の女子師範学校にもでかけ、講演会を行っている。(注1)

　「女子の代表」との言葉で、全国の女学校を中心に派遣募金を募り、プラハ世界女子競技会に派遣させてもらった感謝を、人見は片時も忘れてはいなかった。アムステルダムオリンピッ

クの800mの話から、プラハへ行った5人の選手たちが全力を尽くした話、特に大会最後の400mリレーでは選手が一つになって4位を得た話は、彼女自身にその感激が蘇るのだろう、胸を詰まらせて涙を浮かべて話す様子は、彼女の偽りのない気持ちが、素直に聴衆の心にも伝わり、共に涙をあふれさせながら、食い入るように聞き入っていたという。帰国後の講演会は、大会の報告が中心であるが、その基本にある女子陸上競技発展のこと、これからの女子が健康であることの重要性などを推奨したのだ。日常運動をして体を動かすことの大切さ、その中で簡単に取り組める陸上競技の必要性を話していたという。今後、世界に通用する女子選手を育成すること、それを指導する指導者なども多く育成することについては語調を強めて話したことが伝わってくる。それは、講演の中で「プラハ大会で得た14点の努力の記録は、将来輩出される女子選手への誘い水であるならば、私の満足は、これに過ぎるものはありません。」と新聞に書き残している。

藤村蝶と下宿の引っ越し

運動部記者になり、彼女がマイペースで行動出来たのは藤村蝶のお陰だった。人見は社の仕事とトレーニングが終わると再び社に戻り、仕事の残りをやってから帰宅する。家の事は蝶に一切任せ、手を出さなかった。家では原稿を書くか、本を読むという生活。人見はその日の出来事を蝶に話し、蝶もまた家や隣近所のことを話すなどして、二人の生活はバランスがとれていた。

4畳半に約1年間住んだ。その間、人見と蝶とのチームワークが良く、それに惹かれた同級生が、しばしば来ては滞在して

いた。次第に手狭になってきたため同じ沿線の塚口に1軒家に引っ越すことになった。この家で「スパイクの跡」、「戦うまで」の原稿を書くのに専念した。その後、蝶の妹であるみやが同居することになった。人見の友を包み込むやさしさがここにはあり、友が自然に集まってくるのだ。この下宿から蝶はアムステルダムオリンピック、世界女子競技会プラハ大会へと、人見を送り出している。1931年3月になり、いよいよこれまでの貸家住まいからマイホームを購入した。同じ塚口の建売住宅である。読書を好み、書くことで彼女の生き方を考え、特に記者生活の後、将来ここで楽しく過ごすことを描いていたのだろう。父猪作は、女性ばかりの家に不安を抱き、引っ越しの手伝いに来た時、男の名前の表札を掲げて帰っていった。岡山から時々この家に訪れていたと話していた。父親としての娘に対する思いやりが、滲み出ていた。

蝶・みや姉妹とのいさかい

蝶と妹みやとの生活を共にして早5年の歳月が流れた。蝶が、絹枝と生活を共にすることで、郷里の岡山では、絹枝が二人を扶養して、姉妹はよい思いをして生活をしていると思われていた。姉妹二人が困り者、厄介者と見なされているということを風の便りで絹枝は耳にしていた。そんなことが岡山から絹枝の知人の娘が遊びに来たときに明らかになった。蝶姉妹につっけんどんに言葉を交わし、薄笑いと冷たい目で観察し、二人に面と向かって「お前たちを岡山では何と言っているのかわかってんのか…。」と酷い言葉を吐いた。妬みから放たれたものではあろうが、その言葉に蝶姉妹は唖然とし、青くなったという。世界的な有名選手の下で、可愛がられて甘い汁を吸い、贅沢な

生活で扶養されていると思われ、蝶姉妹に非難が向けられていたのだ。蝶がみやと共に「八戸に帰ります。お世話になりました。」といった言葉に絹枝は狼狽させられ、この岡山から来た小娘の言葉を聞いて唖然となり、即座に娘を追い帰したという。絹枝は蝶姉妹に向かって、「あなた達二人がいなくなったら私、どうやって暮らせばいいの…お願い、もうしばらく一緒にいてちょうだい。お願いします。」と泣きそうな顔で嘆願し、深々と頭を下げた途端に咳が出始めた。それがなかなか止まらなかった。今言うストレス性喘息発作である。蝶姉妹は、いつしか絹枝の背中をさすっていた。気になる咳に蝶は大急ぎで街に行き、スッポンの血を買ってきて絹枝に飲ませたり、良く効くという漢方薬を東京世田谷の高井戸まで足を延ばして買いに行ったりしていた。

　わが友の我に与えしこの薬　うれしくのみて早くなほらん

(注2)

　絹枝は、レントゲンを撮ったら走っていられなくなるかもしれないからと精密検査を拒否していた。塚口の新居に引っ越ししてから咳がなかなか治まらないので、絹枝の喉に蝶が薬を塗ってやったりしていた。その時、むせて血を吐き、それが引き金となり大喀血となってしまった。新居の新たなるスタートは、わずか1か月であった。

絹枝と蝶との友情

　人見が、世界記録を出して有名になってくると、女2人の生活を取り上げてのゴシップやスキャンダラスな記事がまことしやかに雑誌や新聞にどぎつく掲載され始めた。いつの時代も同じである。人見のオトコ顔（当時の世間で言われた）を、

第5章 人見絹枝逝く

可憐な蝶の容姿と並べては、あらぬ話や噂話などを世間が喜ぶように面白く脚色して広めたのだ。それが1930年に入って、人見絹枝と藤村蝶をモデルにした酷いフィクションが、こともあろうに一流の婦人雑誌に連載読物として記載された。そのため世間から「人見は男性だ！」というデマがとび交うようになった。女学校の友人の中からも絶縁騒ぎが起きるということがあった。しかし彼女は、平然

病臥前の人見絹枝とサイン
（昭和6年2月）

としておくびにも顔に出すようなことはなかったと言われているが、岡山に帰郷した折には、「酷い！」と言って姉壽江の胸の中で号泣した。男性説や同性愛説の問題が話題になったことは、昔のこととはいえ記憶をとどめている方がいるかもしれないが、人見は女性であり、同性愛者ではないことは医者の診断や人柄などから明確にされているのが真実である。人見の、このころの短歌に次のようなものがある。

　　無心にもものいひたげないじらしさ　　人形抱きて一ときすぎぬ＊

病に伏す

　1931年（昭和6）4月28日付の大毎紙に「人見絹枝嬢病む」の記事。「プラハの大会に引き続いて、パリそのほか数か所で

競技会に出場を余儀なくされ、それ以来、健康がすぐれず、帰朝後も各地の講演会、講師に招かれるなど活動を続けて静養のいとまもなく、遂に軽微の肋膜炎となり、大阪医大病院（現大阪大学病院）小沢内科で加療中」と報じられた。入院には、蝶が付き添い、妹みやは塚口の自家で留守を守った。

（注1）三澤光男　人見絹枝の講演・講習会の活動　（「体育史研究」第19号　2002年）「少女画報」誌に掲載された短歌（第10号 1931年）。

（注2）以下　短歌後尾に＊印は「少女画報」から　＊印なしは、三澤光男「競技者人見絹枝の短歌歴」（日本体育大学紀要31号　2002年）

2. 壮絶な死

人見の病状

　5月には快方に向かっていると大毎紙は人見の消息記事を掲載。心配していた人たちは胸をほっとなでおろした。それも束の間、6月になると乾酪性肺炎を併発したと報じられた。肺結核でも時に肺炎様の病状を呈することがあり、結核性肺炎と呼んでいる。以前は乾酪性肺炎ともよばれていた。人見の入院中は、これまで競技生活で勝つか負けるかの勝負をした時は、決してあきらめずに勝利を収めてきた経験が、病気に対してもきっと打ち勝つ意欲を失わないで自分を支えているものと思われた。しかし実際には、病気の回復が思うようにならない状況であった。そんな病床にあっても、好きな短歌に絹枝の思いが込められている。蝶への看病に対しての心遣いに励まされながら、その嬉しさに感謝する気持ちが伝わってくる。

　　スポーツに我身くだけと思いしも　去年のことなり今は淋しも＊
　　いくら勝とうと思っても　敗かしてやる胸の虫
　　息も脈も熱も高し　されどわが治療意気さらに高し

　こうして気を強く持っていた人見ではあるが、入院し面会謝絶で訪れる人もない病室にあっては、過ぎ去った競技生活や大会における苦しさなども今ではむしろ楽しかった記憶となり、様々な場面を思い起こしていたに違いない。そしてこれからの選手を育成するために、指導者・コーチを育てなければならな

いと、大きな希望の進め方などを最期まで考えていたに違いない。次の短歌では、自由が効かない体のことをその苛立ちと心底にある寂寥感も覗かせている。

　　胸ひらき物語り合はんひともなし　この世あまりに冷やかにして
　　ことさらに心とがりて腹たちし　みとれる友の気もくまずして＊
　　かくばかりなぐさめられぬわが心　歌うたひつつねむればうれし＊

藤村蝶の献身的な看病

　７月に入ると、ようやく６月の長雨から解放され、燃えるような太陽が顔を出すようになった。人見の渇ききった唇、息づく呼吸、熱でうるんだ眼、入院してから約３か月の間に、世界で活躍した素晴らしい脚や腕は見る影もなくなってきた。全神経を集中してスタートラインに立ったときの唇をかみしめた人見の表情は、熱と痛みに闘う表情に変わっていた。

　　久方に鏡に向かひ髪すけば　病みてはかなし頬の衰ゆ＊
　　看病につかれて君のうたたねに　愛しと手をとり感謝するわれ
　　熱されと力をつけし友の声　われうれしくも目をとぢて聞く

　もはや絶対安静、面会謝絶となった。蝶は思いあまって、絹枝に「お母さんに会いたくない？」とそっと聞いてみた。絹枝は無言で頭を左右に振った。彼女自身、面会謝絶であることを知っていた。蝶は、このような状態になるまで、なぜ岡山の両親に連絡をしなかったのか。思うに蝶は、必ず人見が病に打ち

克ち、彼女の人生の最大の目標としていた指導者育成組織設立活動を再開する意欲を確信していたからではないだろうか。同時に病が進んでいこうとも人見の希望と目標を失うことなく励ますためにも、家族を呼ぶことは死期をさとし本人に希望を中断させることになると考えたからではないだろうか。7年間、一緒に生活をし、お互いの特徴を活かしてきた中で、人見と蝶の個性、それぞれの生き方をお互いに十分理解していて、女性の感情の動きも察知して心地よい空間を二人で作り上げていたのではないかと思われるのである。両親は、絹枝の病気のことを心配しながらも、彼女の性格や、世界記録を樹立しスポーツマンのあり方に人生をかけている指導者育成や組織設立などを勧めている状況は、蝶との共同生活、協同作業が、入院中といえども、より生きる力になると全て信頼を寄せ任せていたに違いない。病院の付き添いは、人見のためにも蝶しかいないと思われた。蝶もまた「心は、会いたくないのではない。病気を治すために面会謝絶の先生の言葉を守って、自分の気持ちを抑えても征服して見せようとしているのだ。」と絹枝の気持ちが痛いほどよくわかるだけに、カーテンの陰で溢れる涙を抑えるのが精一杯だったという。

　絹枝の命の灯は、刻々と小さくなっていこうとしていた。1930年4月初めに入院し、5月には快方の記事、6月に乾酪性肺炎を併発したというニュースが報じられた経過の中で、7月には病状がさらに悪化した。蝶は、絹枝と共に生活した月日を姉妹のように、時には母のようにして、お互いに支え合いながら楽しくここまで来たのだ。絹枝が病床に就いて、すでに150日近く看病をしてきた。蝶は、小酒井不木（1890～1929 著名な医学者、随筆家、推理作家）の『闘病問答』を彼

女にそばで読み聞かせていた。それを聞いていた彼女は、「生きてみせる！　誰が殺されるものか！」と走り書きをし、40度の高い熱の中でうめいていた。8月1日の夜、主治医の小沢内科副科長が、これまでにない悲痛な表情で「生前で、お会いになりたい方々には、お知らせになった方が良いと思います。」と蝶に告げた。蝶は間を入れず先生に「この位の症状でも、経過が良くなれば助からないともかぎりませんよね。」と強い口調で同じことを2回繰り返した。先生からは「ないこともないけど…。」と答えた。病状が良い方に変わることを願って、蝶は必死の看病で死に物狂いになっていた。その死の瞬間まで枕元を決して離れなかった。当時はまだ結核は伝染病として恐れられていたし、その恐ろしさを聞いたり医学書を読んだりして知識はあったとはいえ、絹枝のそばから離れる気はしなかった。彼女の病状の悪化に伴い自分で吐き出せない痰を、蝶は口に指を入れ掻き出したりもした。わがままや甘えを遠慮や恥じらいをすることなく、絹枝はありのままの姿を表し、蝶以外の人には世話をさせなかった。蝶も暇があれば身体や手足のマッサージを続けた。片時もベッドから離れず枕元の近くの椅子に座り、夜もそのまま眠っていた。病院の看護婦たちは、病気の感染を心配しては、休むようすすめても、蝶にとっては看病以外の時間はなかった。看護婦たちは言うことを聞かない蝶を見て、付き添いが先に死んでしまうのではないかと噂し合っていたという。絹枝の体が煎餅のように平らになった姿を見つめては、蝶は涙を流していた。「絹枝さんを死なすものか！　死なしてなるものか！」と真心を込め全身全霊で尽くした。しかし万一のことがないにしても両親は、長い間、面会謝絶で会っていない。先生の言葉が気になり、岡山の家に「キ　ト　ク」と

電報を打った。電報を記入する手は、わなわなと震え、夏というのに背すじが寒くなるのを覚えた。

臨　終

　８月２日午前０時２５分。病室の窓に、８月２日の朝の光が射しこんできた。　大阪毎日新聞８月３日付の記事に「去る７月２９日頃に著しく衰弱が加わり、呼吸困難を訴えつづけていた。最後の急変は８月１日午後６時過ぎてからで、直ちに近親者に打電し、十数本の注射が打ち続けられた。臨終までは、極めて意識は明確で、死の前日まで枕元のノート"高い熱、上がらば上がれ、時が来れば、どうせ逃げ出す"とか"あかん、死ぬ…女子らしい盛んな気魄とファイティング・スピリットをもって…運命的な…誰が殺すか…生きてみる…"等の鉛筆の走り書きなどし、最後まで迫りくる［死］と取っ組み合った悲壮な姿であった。」と報じた。死ぬ瞬間まで、良い、強い選手を育て、日本の女子陸上競技を発展させたい、それには指導者・コーチの育成が不可欠であり、育成を目標にしてその達成を描き、実践活動の意欲を燃やした。全精力をもって立ち向かう精神と活動は、死をもっても不滅なのだった。

　人見は、まさに不滅のランナーなのだ。その日は、３年前（1928年）アムステルダムオリンピックに初めて女子種目が採用され、人見の雪辱800mで、死闘を繰り広げた日であった。両親は危篤電報を受け取り、すぐ大阪に向かったが絹枝死去のニュースを姫路駅のラジオで知り、臨終には間に合わなかった。それから大阪まで両親の気持ちは、いかばかりか。午後５時頃、阪大病院に到着。その夜、病院で近親者のみで通夜を済ませた。

社 葬

 5日、告別式は大阪毎日新聞社により準備されて、阿倍野斎場で神式による社葬が挙行された。弔辞は、大阪毎日新聞社代表、文部大臣（代読）、女子スポーツ連盟会長木下博士、全日本競技連盟大阪体育協会会長、他の弔文朗読があり、続いてプラハで共に闘った選手や人見の出身校の後輩、二階堂卒業生、大阪毎日新聞本社代表などなど、参列者は千人を超える葬儀となった。さらに海外からの弔電、弔辞も多く、中華民国の張学良、国際女子スポーツ連盟総裁アリス・ミリア夫人、同連盟副会長他、多数が寄せられた。２４歳という若さでこの世を去った人見絹枝、余りにも早く去って行った彼女を惜しむ声はその式場をいつまでも取り巻いていた。

弔 文

ミリア夫人から

「私は３日朝、悲報に接し悲嘆にくれています。人見嬢の死は全世界のスポーツ界から惜しまれている、まことに嬢の名声は世界的で、あの 1926 年、スウェーデンのイエテボリで第２回世界女子競技会が行われた時、忽然と姿を現した、すべての競技、殊に幅跳で偉勲をたてられ、深い印象を残し、瞬くうちに全世界のスポーツ界第１位に躍進された。（以後彼女の活躍の思い出が述べられた…略…）彼女は、ただ単にスポーツ界の人物であるばかりでなく、その死去と共に日本の熱烈なるスポーツの伝道者を失った。まことにまことにスポーツ・体育の道徳価値に対する嬢の信念は燃ゆるがごときものであり、嬢は自らの模範をもって、言葉をもってまた文章をもってその信念を広められた。競技に優勝することは人見嬢においては、自己

のための満足のためにこれを追求したのではなく、これをもって日本の同胞を説服する手段とし、かつ日本を外国に知らしめんとする手段に用いんとしたのである。日本の若き女性たちよ、人見嬢が御身らのために残した偉大なる教訓に開かれよ！

スポーツと体育を練習され、同時に適度の範囲に止まるべきを知られよ！　私はここにあらゆる称賛と愛情を持って人見絹枝嬢の追憶に捧げます。」

ミリア夫人は、人見選手について個人の虚栄や名誉を得るためのものではなく、日本の女子陸上競技の発展を願い、自らも全力を挙げて行動していた真のスポーツマンであり、国を超えて陸上競技の同志であることを強く感じて深く理解していたのである。

木下東作博士

父親として尊敬されていた木下東作博士は、「人見さんの死」という追悼文を「少女画報」（1931年10月号）に寄せている。文頭は1926年人見選手のイエテボリ第2回世界女子競技会の様子、1928年のアムステルダムオリンピック、1930年のプラハ大会の活躍と成績が書かれている（ここでは略す）。チーム団長であった木下会長は、プラハ帰国後、プラハ大会の報告や次回世界女子競技会の準備、第5回を日本で開催することの是非など、女子連盟の仕事で多忙であった。また、彼女と同行しての講演や選手育成のためのコーチ依頼に奔走する毎日だった。そのため人見絹枝の死期に間に合わなかった。

「自分として今更泣くに泣かれず、悲しむに悲しめない。私人としては最も親愛なる友人を失ったこと、スポーツマンとしては、自分の片腕となって、将来の自分のより良き後継者とな

木下東作自画像

るべき君を失ったことになる。しかし、今日は決して自分としてただ感情にのみ走って悲泣すべき時ではない。さらに多くの女子スポーツに対する同志と共に協力して、人見選手を失ったため女子スポーツの進運に対して止めることなく益々続くよう、人見選手の意志に背かないようにするのが、最善の方法と考える。その一つの方法として、女子スポーツの実行に際してグラウンドの整備や使用方法を、もっと女子に開放すること、女子のスポーツを学校時代のみに限らせず、卒業した女性や職業についている女性にまでもスポーツを盛んにすることが必要であると思う。人見選手は"自分はスポーツのために病気になったのではない。もっともっと強くスポーツをやったなら病気などにはならなかったに違いない"と言っていた。これまでの大部分の女子陸上競技の記録は、国内および国際的にも彼女に任せ切っていた。今後は多くの女子に頑張っていただき4年後或いは8年後の世界女子競技会を期して人見選手の弔い合戦をしたいものと思う。今後、第二、第三の人見選手否、人見選手を超える人が一日も早く現れることを期待している。それが人見選手に向かっての弔う言葉となるであろう。」

第5章 人見絹枝逝く

　その後も、新聞、雑誌に取り上げられた。陸上競技の女子選手や関係者の中ではその悲しみは日本だけではなく、世界へと伝えられその反響は多大であった。

　1931年8月3日夕刻　阿倍野斎場で荼毘（火葬）に付された。岡山の生家に近い妙法寺に眠っている。実は絹枝の墓は、もう一つある。それは青森県八戸市の本覚寺という寺にある。そこには藤村家の菩提寺で、墓がある墓石の側面に「昭和6年8月2日俗名人見絹枝行年24歳」と刻まれている。蝶にしてみれば「私の骨を蝶ちゃんの郷里八戸に葬って…」と絹枝が混濁に陥る前に突然頼まれた。故郷岡山ではなく八戸へと、はっきり言われたことは胸に強く刻まれたという。蝶は、荼毘の日、絹枝の骨数片を無意識のうちにもソッと懐紙に包んだ。素早い動作ではなく自然に手が出ていたのだ。岡山の人たちに見つかるかもしれないなどとは考えもしなかった。まだ温もりが残る骨片は、蝶の手のひらの上で脆くも崩れたという。その骨を八戸の本覚寺にある藤村家の墓に納めたのだ。現在は、蝶と共に人見絹枝はここで仲良く静かに眠っている。

蝶が大切にしていた人見の写真

「岡山妙法寺の骨と八戸の本覚寺の数片は、５０余年経た今も、桜貝のような若さをとどめ、その桜貝に透明な美しい翅脈の蜻蛉の羽根が生えて、陽光の下、旭川の川面を滑り、燕島の海猫の群れを掻い潜り、プラハの記念碑（本書150ページに掲載）にかかる壁面に影を閃かして、ひと時の飛行を楽しむ…」（戸田純氏のエッセイより）(注1)

(注1) 戸田純　「人見恋い」僕の人見絹枝伝（1990年8月発行　奥村栄進堂）

3. 体育・スポーツ界へ巻き起こした旋風

　日本女子陸上競技界は、人見絹枝の出現によって、草創期から興隆の時代へ移り変わろうとしていた。人見絹枝は、その発展を彼女自身が、国内だけではなく国際的にその姿を描き、歴史的な使命を負い、それを果たすべく努力を全うしている道であった。

　24歳という若い人見絹枝は、3回の海外遠征で1回ごとに、彼女の女子陸上競技に対する考えを国内から海外へと生き方、考え方を大きく飛躍させていった。世界に通じる強い選手の育成、それは優秀な指導者・コーチを育むことと組織を立ち上げることを緊緊の課題であると考えた。彼女の課題は、日本の女子にとって大きな影響を与える存在であった。それだけに、彼女の正式な病名ははっきりしているとはいえ、若く元気な選手が、なぜ死んだのかという疑問があちらこちらから投げかけられ、国内外に大きな波紋を呼んだのである。

専門家の意見

　人見の死後、大阪医大の主治医は、その病因及び病状について「本邦女子体育界の将来に及ぼす悪影響を慮って、特に詳細の発表を避ける。」と明言をさけた。医学博士村地長孝博士は、この発表に対して、死の誘因は過労であるというのが一致した関係者の報道であると述べた。彼は、人見が最初肋膜炎で入院し、その後、乾酪性肺炎をおこしたという報道から、彼女は、過労によって誘発或いは増幅され、結核のために、逝去されたと推定している。(注1)

完全な体育は、庇護と鍛錬があり、それが相まって目的を達する。鍛錬が体育のすべてのように誤解している人が決して少なくない。人見の過労は環境のため、あるいは体育指導者のため余儀なくされた過労であった。天分ある彼女は不断の鍛錬によって、女子が男子を凌ぐべき域に達するような成果を上げたが、過労と庇護のバランスを崩し不起の人となったのである。体育が体を壊すとの風潮を産み出していることは、誤りであると強調している。(「体育と競技」誌1931年9月号)

野口源三郎（1930年代、体育学者・スポーツ指導者、東京教育大学名誉教授）は、勝敗を争う競技者は優れた体力と技量を有することが必要であり、それには身体の鍛錬をすることである。鍛錬といえども軽度の発汗を促すものではなく、自己の持つ体力限界を超えるような強いものである。その結果として、過労に陥るが、その後適度な休養をとり、回復させる。さらに鍛錬を行うと、それによってより優れた体力を得ることが出来る。ここで必要なことは鍛錬（ハードトレーニングという語を使用）をすれば過労に陥る。過労は身体機能のあらゆるところに弊害をもたらし、特に新陳代謝に影響を及ぼし、風邪にかかりやすくなり、さらに肺炎、肋膜炎などに冒されやすくなる。過労に陥った時には、回復の注意が必要なのである。人見選手は、第3回世界女子競技大会時には、風邪に罹っていたが、プラハでの目ざましい活躍後、風邪を引きずったまま、諸外国との交流試合、帰国後は急性扁桃腺炎になってしまった。にもかかわらず帰国後は、多大な後援をしてくれた若い女性の厚情に酬いるために薬と吸入器を携帯し、全国各地のコーチや講演会にでかけていた。無理が重なり4月には肋膜炎になった。（日

日新聞参考）トレーニングの常道として、鍛錬―過労―休養―回復があることを強調し、それには、選手自身の認識と指導者の責務が大切だと触れている。（「体育と競技」誌1931年9月号）

日本女子スポーツ連盟では直ちに、会長の木下東作医学博士は「過労乃至は練習過多にあるのではない」という旨を明らかにした。（「陸上競技」誌1931年10月号）さらに、木下博士と人見絹枝との日常の話し合いの中で、彼女は最後まで病に勝ち、死に勝つという考えのみを懐いていた。その要旨は、女子体育の確立と、女子スポーツの独立、殊に日本も女子スポーツのために自己の一生を特に、女子の一生も大事である。結婚の一条件にまでも、女子スポーツのことを加えて、一定範囲で犠牲にしてもよい、ということであった。それは、多年の交際のあいだでは終始一貫していたと博士は記述している。博士は、「人見の逝去によって女子体育の発展に、頓挫を杞憂する人もあった。時の内務大臣なども、ある会合でそのことを口にしていたが、それは大変な間違いだ。実際はもっと短かかるべき、彼女の寿命を、スポーツによって幾分長めになり、華やかでなかった生活を、より大きく華やかに、しかも実もある有意義な人生としたものであるとみるのが最も至当であろう。ここ医学界で女子スポーツが国内的に隆盛になって以来、ただ一人、人見絹枝の死を見たと言い、スポーツによる死として、これを速断することは大変な誤りである。彼女のスポーツに尽くしてきたことが、あまりにも大きく、その世人の注目度も高いために誤って解釈されたと思われる。」とコメントを出している。(注2)

川本信正（スポーツジャーナリスト）は、「日本女子スポーツ

連盟会長木下博士が、人見選手の病因を"過労乃至過労過多"にあるのではないと発表したことについては、過労から来たものであることは覆うべからざる事実であり、それを断言することに、何等かの危険も感じないし、むしろ生前の功績を評価する道であると信じている。」と述べ、彼女の特殊な立場からきた特殊な過労であることを説明している。「彼女は決して単なる競技者ではなかった。自ら競技戦線に立つ競技者であったと同時に、日本女子競技者の優れた先覚的指導者であり、また同時にその組織者でもあった。大毎に入社後はジャーナリストとして立つ以外に、競技の練習に精進し、一方日本女子スポーツ連盟の仕事にも関与するようになった。一人三役が彼女の役割だったのである…（略）…。実に一般女性には想像もつかぬ劇務だったことは相違なく、それだけに、女子競技の宣伝と普及に尽くした功績は大きい。」それと一般社会に対してのスポーツ界に与える大きな問題として、危惧する問題をあげている。「人見の死が、女子陸上競技界、ひいては一般女子スポーツ界にとって過激であり、不適当であるというような古臭い観念が呼び起こされるのではないか、ということである。人見の病気は過労から来たものには違いないが、その過労は決して練習の過度ということではなく、彼女の特殊な立場から来た特殊な過労である。人見の死は今でも社会の一部に潜んでいる軽薄な女子競技反対論を、今後一層表面的なものにするかもしれない。すべての競技者はそのような迷蒙論を一蹴して、彼女の屍を超えて、彼女が死をもって築いた基礎の上に輝かしい進展を試み、溌剌たる健康と、明朗なる理智にあふれた―近代女性美の殿堂を建設しなければならない。」ということが彼女の死を意義あらしめる唯一の道だと考えている。(「アスレチック」誌1931

年9月号）

　"スポーツ　フォア　オール"という語を使用している**保坂周助**（東京府体育主事補）は「女子競技となると、なかなか理解してくれる者が少ない。最近まで陸上競技などは、女子に不適当なスポーツと考えていた人もだいぶ多いようだった。特に女子競技者数は男子に比べると著しく少ない。競技的に見て技術が稚拙でも、記録が悪くても、皆が健康増進、体力強化、そして女性特質発揮の目標に向かって、愉快に実行してみることだ。女学校で競技の強いものが出ると、他の人たちはあきらめて練習を中止する者さえいるという、ケチな根性は捨てて、自覚的、自主的に練習することによって、尊い経験が、喜びに変わっていくことを知ることだ。

　また、競技を練習することによって、女子が男子のようになったと言い、女子競技を否定する人も未だいる。古い因習にとらわれた女性観を持つ人に多い。女子の特質をよりよく伸ばす完全な婦人に仕立てることを掲げたい。とかく男子の焼き直し、男子の模倣応用程度に行われていることが多いようだ。女性自身が独特の体育法を見出さなければならない。多くの女子競技者がいなければ、優秀な競技者を輩出することは続かないだろう…」（「アスレチック」誌1930年8月号概略）

　人見の死は、学校の体育にも及んでいた。小学校の体育の授業内容を、厳しいものではないように考慮してもらいたいという申し出もあったという。当時は、体育とスポーツの概念は明確になっていなかったと思われ、言葉の違いだけで同じ内容のものだと考えている人が多かった。

二階堂トクヨ（女子体育専門学校校長）人見の死後「婦人公論」

で「スポーツが人見絹枝を殺したのではなく、人見が、スポーツに死んだのです。私はこう大胆に断案を下します。」と述べた。これは野口源三郎、東龍太郎と三氏執筆による「スポーツは人見を殺したのか」の中でのトクヨの結論であった。女史は「スポーツは健康のために行うものであるのは当然であるが、その考えを超えて選手スポーツ、記録スポーツの価値を女史は言いたかったに違いない。

竹中正一(慶応競走部OBでロサンゼルスオリンピックに出場)の主張「身体を損ずることがあっても、人間の能力の限界へ挑戦するのがスポーツだ。」と述べたことが直ちに浮かぶ。(注3)当時の体育雑誌を見ると女子陸上競技の問題について、人見の死に関連して、今後、如何に女子陸上競技、体育、スポーツの分野で、発展させていくかの観点で真剣に考えての意見が多く出されている。それは、男性より体が弱い女性に体を動かすことを奨励することは、病気になったり、何等かの害を及ぼすという考え方の女性観が根強くあったからである。

人見絹枝の死について

人見の死は、過労が原因で病気の経過を増幅させ死に至らしめたと一般には思われている。しかし人見を知る関係者はそれだけではなく、それ以上の人見の精神活動や心のありかたから見た考え方について死への究明がなされた。木下博士や二階堂トクヨ女史も表現は、人見絹枝の人間性を十分知り理解しているために、深い重みを持った観方であろう。

人見選手が世界記録を誕生させて以降、自分のあるべき姿を描き、人間として進む方向を考えに考えた結果は、女子陸上競

第5章 人見絹枝逝く

クーベルタンの言葉を掲げた第10回ロサンゼルスオリンピック大会

技を発展させることに行き着いた。異文化など見たり触れたりし、じかに鋭く感じたことから学び、自分を豊かな人間に成長させた結果であろう。そして、その具体的問題として、女子選手を育てる優秀な女子指導者・コーチを育成することであり、優秀選手を育てるために、その活動をする組織が必要だとその

設立を考えた。彼女の性格として、目的を決めたことは、達成するため全力をあげてあきらめず進んでいく。進む途中で良い方法を考え出すことや、見つけたりするという鋭い感覚と柔軟な考え方の持ち主だ。何よりも豊かな創造力の持ち主である。女子陸上競技選手のために19歳の時に「最新女子陸上競技法」を出版したり、亡くなるまでに自分の経験を含め役に立つならばと願い5冊も出版している。女子陸上競技選手を育てるためのその意気込みも凄い。講習会やコーチをする機会への活動なども数知れない。特にプラハ大会に若い選手と共に遠征し、将来の指導者になることを託していた。しかし、若い選手たちは人見の目的を認識してはいたが、初遠征で見るもの聞くものが目新しく、はやる気持ちがまさり、人見の期待を満足させるレベルではなかったのだ。そこでは人見の強い期待のレベルと選手に託された期待の認識に差があったようだ。病に倒れた後も、指導者の育成について真剣に考えていたが、期待に添わなかった現状によって精神的に落ち着いて治療をする気持ちに影響を及ぼしたのではないか。とも考える。病が悪化の方向に進んでも、彼女の生きる支えは、女子陸上競技を発展させることであり、それを勧める気迫は、世界記録を自分のものとしてとらえていた崇高なプライドであったと思うのである。それがプラハ大会での彼女の期待と異なり、重い失望感を抱き、それをどのようにするかを考えるエネルギーは弱く、目標達成を抱くも生きる気迫を持ちつつも、病の進行で抑えられたため、生命力が失われてしまったと思えてならないのである。生命力をかけた人見の強い思いは、不滅であるという言葉しかない。

人見絹枝の死後、当時の新聞記事を見ると、人見選手の死が刺激となりスポーツ選手の健康状態を調査することが提案された。特に結核を誘いやすい選手制度のためにとある。同時にスポーツ医学の確立へと進む方向が打ち出された。（1931年8月13日読売新聞朝刊）

　人見の死が体育・スポーツ関係者に影響を与えた問題に、体育とスポーツを混同していることが浮き彫りになった。国内でスポーツ、体育、衛生に関心が向け始められると政府機関が健康問題について取り組まなければならない状況となり、研究施設組織の設立に関心が集まるようになってきた。さらに人見の死によって、ようやく女子のスポーツ問題がクローズアップされてきたと言える。女子体育・スポーツは女子の特質を考えてどのようなものであるべきかということについての積極的な考え方として、体育・スポーツ分野で如何に発展させていくべきか、さらに女性と陸上競技を健康に結びつけていくかということなどが真剣に取りあげられ、社会的にも教育的にも女性のあり方に関心が向けられることになったことは、人見の死の意味がいかに大きなものであったかを物語っている。

（注1）村地長孝「人見絹枝女史の死に面して」（体育と競技誌　1931年9月号）
（注2）木下東作「逝ける同志人見絹枝比売命を懐う」（陸上競技誌　第4巻10号）
（注3）戸田純　「絹枝恋い－僕の人見絹枝伝」（1990年）

日本とチェコの「人見絹枝」・女性スポーツ支持者懇談会

開催経緯

　2007年世界陸上競技選手権大阪大会に参加していたチェコ陸上競技連盟カレル・ピルニー（Karel Pilny）会長に「人見絹枝が1926年プラハ滞在から得たこと及びプラハ市民の人見に対する見方と歓迎、選手との交流や友情について、日本という国をどのように見たのか、また、プラハ大会以後　チェコ女性の一般スポーツ活動について」など、筆者の資料収集目的を話し、訪問の相談をしたところ、快く依頼と協力を受け入れて、さらに、帰国後プラハ訪問を歓迎する懇談会の開催計画が作成され、実施となったのである。

懇談会

日　時　2008年10月22日、
場　所　プラハ市　チェコオリンピック委員会会議室
出席者

　　　　カレル・ピルニー：チェコ陸上競技連盟会長
　　　　ヨーロッパ陸上競技連盟財務委員
　オルガ・ストルスコヴァー：女性映画監督、
　　　　「広島原爆ドーム設立したチェコ建築者のドキュメンタリー」他日本の生活風景テレビ制作
　　　　他3名
　ミハエラ・ポコルナー：世界的組織「ピースラン」
　　　　チェコ委員長

（前列左から）カレル・ピルニー、著者、アンナ・コティエショフツォヴァー
（後列左から）オルガ・ストルスコヴァー、ヤン・イルカ、カレル・シュワドレンカ

マレック・ワイツ教授：カレル大学体育・スポーツ学部歴
　　史（当日欠）

ヤン・イルカ博士：チェコ 陸上競技連盟名誉・終身会員
　　陸上競技関係書多数出筆
　　「チェコ陸上競技100年史」有名

ペトル・フルベッツ：オリンピック委員会事務総長

カレル・シュワドレンカ：通訳（当時金沢大学）
　　京都大学準教授
　　理学博士

田中良子（筆者）：元国際陸上競技連盟　女子委員会委員
　　元アジア陸上競技協会　女子委員会委員
　　元日本陸上競技連盟　女子委員会委員
　　元日本学生陸上競技連合　女子委員会委員長

【懇談会内容】

カレル・ピルニー会長から懇談会開催趣旨の説明。

筆者　プラハの世界女子競技会で人見絹枝は、個人種目とはいえ、集団の協力がいかに必要であるかを感じとり、レースの終了後は、相手選手に仲間としての親しさを感じ、国を超えて交流をしたいという感覚を得ている。スポーツマンとしてまた人間として得たことや感じたことにより、大会帰国後、人間的に大きく変わったことは、どのような場面に遭遇して得たのであろうか。プラハの人たちとの関係で理解したいこと。当時、チェコスロバキアの人々は好意的に応援していた日本選手を通して日本をどのように感じたのか、その状況などを知り把握したいと希望を話した。

ピルニー会長から出席者に"日本と人見絹枝"との関連で紹介された。

ストラスコヴァーさんからは、チェコの世界的体操選手ベラ・チャスラフスカと人見絹枝のビデオ制作を計画しているという話があり、提案書が渡された。親日家である。

ポコルナーさん（バレリーナ）は、今日までのランニングの世界的組織ピース・ランにおける「ワールド・ハーモニー・ラン」のチェコ組織リーダーである。

ワイツ教授は、当日急用が出来て欠席。論文を二つ受けており、翌年、改めて会って論文や女性陸上競技の発展などについて話を聞く予定。論文と資料は、

＊「プラハの女性競技会」について
＊「専門家から見た女性スポーツとその組織的な構成」
＊（資料）「チェコとその他の中欧の国々における体育とスポーツ」－その始まりと第二次世界停戦まで　編集：マレッ

ク・ワイツ、イトカ・スクートヴァー

ヤン・イルカさんは、チェコの「陸上競技の生き字引」と言われる存在。著書多数。代表的な書「100年陸上競技（STOLET KRALVNY）」「陸上競技の小事典（Mala encyklopedie atletiky）など。

休憩、オリンピック委員会の事務総長のおもてなしによる飲み物が提供され、その時間を利用して、筆者と各個別に会う日程・時間を取り決めた。その後、筆者から日本選手についての傾向と親切に対応していただいたことのお礼を述べた。第3回世界女子競技会で人見絹枝がチェコの人々に心からの歓迎と応援をしていただいたこと、若い5人の選手に対してもチェコ選手と練習を共にし、友情をはぐくみ貴重な経験をえて帰国したこと。それらが日本の女子陸上競技の礎になっていること。現在では「陸上競技とは」「スポーツとは」の本質を考えることが薄らいで「勝てばよい」「有名になればいい」「経済的メリットがあること」が選手の中で優先される傾向が強くなってきている。その考え方についての選手育成の問題が話し合われている状況などを話した。

今回の懇談会は、人見選手がチェコの歴史や文化を学び、心から温かい思いやり、親切な対応、日本に対する強い応援の力を得て大きく飛躍したこと。女子陸上競技の発展を描いた彼女の考えを後に続く選手に強く伝える使命があると感じたことなど、大きな影響を受けたことを説明。最後に感謝の意を述べた。

配慮ある懇談会の取り組みであった。全体の懇談会は終了。
翌日から、個別に会って懇談をした。

10月23日　ミハエラ・ポコルナー：ピース・ランの組織、

活動について、現在モスクワ→ローマ→までのトーチ・ランの実施準備の報告など。

ヤン・イルカ：陸上競技関係の情報誌に 2000 年に既に掲載された「人見絹枝」についての原稿を戴いた。（後述）
「人見絹枝はなぜ死んだのか」の質問があった。プラハ大会についてチェコの選手がイエテボリ大会と異なり、得点出来なかった原因などについての説明や両国選手の友好行事のその成果などの話があった。

10月24日　オルガ・ストルスコヴァー：　人見絹枝とチャスラフスカ（世界的体操選手）ドキュメンタリーの構成・内容、制作費用の問題などを話し合った。

マレック・ワイツ教授：欠席のため2年後、2010年9月9日にカレル大学で会い、第3回女子競技会でチェコ女子指導者と委員会の軟弱さがあったこと、オリンピック委員会に女子委員会はあるが、付録的な存在で、当時、女子の立場を主張したりする女子はほとんどいない。大会後は、花火のように女子の力は消えてしまったという説明がなされた。

イルカ博士からの寄贈原稿（概略）

人見絹枝の出した世界記録と海外遠征3回で得たメダルと競技の様子が描かれていた。プラハに到着するまでの様子、特にシベリア鉄道で14日間という長旅、プラハに着くまでにチェコの途中の街の歓迎の様子や到着後の生活が書かれている。練習では、チェコの選手とキャンプに出掛け、野原と林で1日3回に分けて、トレーニングをしていたことや日本のトレーニングが近代的できつくチェコの選手にはとても参考になったと言われている。人見については、勤勉さと親切さがつきず、日本

の若い選手に、集中してトレーニングをするよう鼓舞していた。人見選手が5万人以上の観客に人気があったのは、走幅跳―優勝、60m―3位、槍投―3位、3種競技―2位と、多才な力を発揮したことが大きい。また、この女子オリンピックのために建設されたレトナー競技場では、きちんとした更衣室が整備されてなかったため、雨が降ると大変な状況であったが、人見は雨の中びしょ濡れになっても落ち着いて1日6種目の予選に出場して活躍した気魄に観客の心を揺さぶったのだ。

　人見が帰国してから何が起きたのか。死後70年も経過して現在でも人見の話題を耳にする。人見選手の名声はチェコでは、現在もなお忘れられていない。

人見絹枝の記念碑設立

　筆者がチェコを何回か訪問し、ゆかりのある建物見学や資料収集で知り合った方々、また今回の懇談会に参加して、知り合った人々は、協力の気持ち、思いやり、親切心、ルールやマナーを守る態度は、整然としていて国民性ではないかと思われた。

　人見絹枝が親しまれ、尊敬され、歓迎され、愛された原因がここにあるように思われた。チェコの人々は、人見選手を、謙虚で礼儀正しく、落ち着いていて、若い選手の世話をし、彼女らも信頼している。練習も真面目で、世話になったグラウンドの人たちにも必ず礼を言い、感謝を忘れない。人見は前回大会で世界記録を出した優秀選手でありながら、驕りや高慢さなどはなく、皆と接する。他国の選手と隔たりなく話しをして仲良くなる。アジアからの選手として世界的な国際親善に尽くしたといえる。この時以来、アジアや日本に対する見かたが確実に変わったように感じられた。そしてひときわ目立つ特徴の人見

であるが、いつも静かな一寸淋しそうであるとはいえ笑顔を忘れないというのがプラハの人たちや選手の感想だ。このような態度から、人柄を理解し同じ仲間だという親しみを感じたという。ある新聞記事には、人見の人柄をあげ見習うことが必要だという記事もあった。

　この人見絹枝についての記念碑がチェコスロバキアのプラハのオルシャニ墓地に建立されることになった。「1932年9月4日　女子世界記録保持者　日本の人見絹枝選手は女子体育・スポーツの分野で母国を有名にした。追悼儀式と記念碑除幕式が行われた。追悼式はホルンの四重奏のファンファーレによって壁にはめ込まれた記念碑が市の管理に委譲された。建立はハンドボール連盟によってなされた。チェコスロバキアの女子ハンドボール連盟内に最初の女子スポーツ連盟（女子陸上競技連盟）が設立されたという経過があり、建立者名はそれに従っていると思われる、元ハンドボール会長のスピーチ、出席者は市の代表が日本選手とチェコスロバキア選手の友好関係についてスピーチをした。最後に日本大使館代表が感謝の意を表した。スポーツ愛好者が大勢参加し、式は日本とチェコスロバキアの国家の演奏で終了した。」というのが当日の内容であった。（Lidove noviny 新聞　1932年9月4日）

　スポーツマンのあるべき姿がチェコの人々の心を動かしたのだと思われた。筆者が訪れた時も、花が供えられていて、両側にあるリースにも、可愛い花が挿してあった。記念碑には、下記の内容が記されている。

人見絹枝を称えた記念碑

人 見 絹 枝

1931年 8月2日 大阪で逝去

愛の心を持って世界を輝かせた女性に
スポーツ人の感謝の念を捧ぐ

チェコスロヴァキアハンドボール連盟・女子スポーツ連盟

人見絹枝がチェコの人たちと生活をして経験したことが、現在も,この懇談会を通して同じ気持ちで通じ合える仲間のようだった。人見が残した業績はおよそ80年経過した今なお、チェコでは強い記憶として残り、記念碑も多くの人に見守られてい

た。人見たちが歓迎されたことは懇談会でより深く理解することが出来たし、チェコの人たちが尊敬する人間への思いの強さを知り感動した。そのスポーツの世界の素晴らしさに感謝した懇談会だった。

人見絹枝が亡くなったあと日本では戦争への足音が高くなり日中戦争から、第二次世界大戦を経験し、敗戦で終結した。復興をした日本は1964年東京オリンピックを開催し、その60年後に再び東京で2回目のオリンピックを迎えようとしている。1896年第1回オリンピックが誕生してから現在に至るまで、クーベルタン男爵のオリンピック精神がどのように活かされ発展してきているのか、改めて考える必要に導かれる。同時に、人見絹枝が命をかけて女子陸上競技指導者の育成と、その組織づくりという課題を残した時代から、現在に至るまで、それがどのように引き継がれ発展してきているのか、女子陸上競技の関係者として振り返ることを迫られているように思う。人見が陸上競技発展の目的をもって生きてきて、死後その「課題は何か」の追求を陸上界では深くなされてこなかったように思われる。世界的な業績を残した偉大な日本女子陸上選手の現実離れの物語としてのみ理解されているようだ。

人見絹枝の時代、大正デモクラシーの女性の主体的な生き方を認め、自己を活かし女性としての価値観と自主的な生き方を作り上げていく社会のあり方が進み、積極的な「新しい女性」の実現をめざしていく。人見の亡き後、世界女子競技会やオリンピック大会などの国際大会から、人見の遺志が感じ取れるのではないか、感じ取りたいとの思いでふりかえってみた。1932年ロサンゼルスオリンピック大会は「女子種目6種目」が行

われ、女子9名参加、槍投げ4位、400mリレー5位の2種目入賞にとどまった。1934年第4回世界女子競技会はロンドンで開催され、選手9名参加したが、上位入賞には至らなかった。1936年にベルリンオリンピックでは女子7名参加、槍投げ5位入賞を果たした。全選手はベストを尽くしていることは伝わってくるが、世界との力の差が大きく立ちはだかっている感じを抱かせた。人見が残した将来に向けての発展を考えているような気迫を感じ取ることは無理だった。

　このベルリンオリンピック大会の1936年は女子陸上競技の発展にとり、大きな変化をもたらした年であった。それはかねてから議論されていた女子陸上競技を統括していた「FSFI」が「IAAF」に吸収合併されることになり、事実上「FSFI」は消滅したのである。世界女子競技会も第4回大会で幕を閉じた。「FSFI」の消滅と共に各国の「FSFI」に所属していた女子の連盟は、イギリスを除き各国既存の男性陸上競技連盟に吸収されたのであった。

　第二次世界大戦敗戦後、新しい制度の基に民主主義をめざして学校体育も再開された。熱心な男性指導者のもとで優秀な選手が誕生し、戦前の陸上競技の盛況を復活させ、世界に通用する選手が誕生した。女子指導者の育成については、プラハに行った渡邊すみ子が中京大学の学長と結婚し、人見の遺志を受け止め、教員として女学生に陸上競技を指導し優秀な選手を輩出した。同じく中西みち（京都市立二条高女）も1932年アムステルダムオリンピックの代表に、渡邊と選ばれ、母校で後輩に陸上競技の楽しさを教え、本城ハツと共に優れた後輩を送り出していて、人見の遺志を継いでいるといえる。

女性の指導者は地域の組織に所属していても指導のレベルや女性同士の強い協力体制を組む困難さが、女性全体の組織作りを阻み、男性と力を合わせて活動するところまでにはいっていないように思われる。それから約100年経った現代はどうであろうか。情報が飛び交い、これまでの優れた指導者の指導法や実践例の参考書も出版されている。女子選手の場合、世界で闘える力を備えた選手を育成している優れた女子指導者も現れている、第一生命監督の山下佐知子をあげることが出来る。女性の特性を生かしながらその長所・短所を分析し、研究資料を基にして男性と協力して指導している。このほか、まだまだ素晴らしい女子の指導者・コーチが誕生していることが伝わってくる。しかし女性であるために指導者・コーチの環境は決して恵まれているとは言えないようだ。女性指導者・コーチの周りに起きる様々な問題など、女性としてお互いに力を合わせて取り組む組織をつくり、男性と協力し合って共にすすむことが必要であろう。女子陸上競技の世界では、まだまだこのような体制を作るには時間が必要であると思われるが、選手であった人や陸上競技に関係していた人などが歴史を大切にし、これからの更なる発展を考えるならば、世界的に力を発揮するその実現は速いと思う。人見の目的は永遠に続く課題であるし、それを消え去ることのできない不滅のものであるといえる。

人見絹枝は、日本さらにはアジアの人間として、世界的にその存在を知らせ、世界の陸上競技の発展を目標として、友情を通してその関係を築いた業績は、今だからこそ不滅のランナーとして未来に向けて永遠に引き継がれていくだろう。

参考文献

●人見絹枝の著書
人見絹枝　　最新女子陸上競技（文展堂　1926）
人見絹枝　　スパイクの跡（平凡社　1929）
人見絹枝　　戦うまで（三省堂　1929）
人見絹枝　　女子スポーツを語る（人文書房　1931）
人見絹枝　　スパイクの跡・ゴールに入る　伝記叢書154（大空社　1994）

●人見絹枝に関する書
織田幹雄・斎藤正躬　　スポーツ（岩波書店　1952）
人見猪作　　自叙伝〔自筆〕（1964）．
安田弘嗣　　女子陸上競技の実際（モナス　1926）
織田幹雄　　跳躍一路（日本政経公論社　1956）
織田幹雄　　わが陸上人生（新日本出版社　1977）
織田幹雄・戸田純　　炎のスプリンター（山陽新聞社出版局　1983）
織田幹雄・戸田純　　絹枝恋い　僕の人見絹枝伝（奥村栄進堂　1990）
織田幹雄・戸田純編　　炎のスプリンター（日本図書センター　1997）
戸田　純　　絹枝恋い　一僕の絹枝伝一（同上復刻版　2001　非売品）
片岡康子・輿水はる海・掛水通子（監修）　女子体育基本文献集　第11巻　1995
小原敏彦　　燃え尽きたランナー人見絹枝の生涯（大和書房　1981）
小原敏彦　　人見絹枝物語―　女子陸上の暁の星（朝日新聞社　1990）
小原敏彦　　KNUE走る　忘れられた孤独のメダリスト（健康ジャーナル社　2007）
宮尾登美子　　人見絹枝　苦難と栄光の支配者　近代日本の女性史（集英社　1991）
西村絢子　　体育に生涯をかけた女性　－二階堂トクヨ－（杏林書院　1983）
真鍋和子　　朝やけのランナー（PHP研究所出版　1984）
川本信正　　人はなぜ走るのか（ランナーズ　1990）
三澤光男　　はやての女性ランナー　－人見絹枝賛歌－（不昧堂出版　2005）
比古地朔弥　　コミック版　人見絹枝物語　ライジングガール（祥伝社　2005）
日本女子体育大学　人見絹枝　―生誕100年誌―（印刷・編集　毎日新聞東京センター　2008）
勝場勝子・村山茂代　　二階堂を巣立った娘たち　戦前オリンピック選手編（不昧堂出版　2013）
イデア絵本委員　　人見絹枝　一輪のなでしこ（株イデア・インスティテュート　2018）

猪本正実　　日本女子初の五輪メダリスト人見絹枝の世界（日本文教出版　2018）
寺田瑛　　女子の運動競技（日本評論社出版部　1923）
文部省編纂　　欧米青少年運動の精神と実際（文部省構内社会教育会　1931）
木村毅　　日本スポーツ文化史（ベースボール・マガジン社　1978）
文芸春秋　　「文芸春秋」にみるスポーツ昭和史　第一巻（文芸春秋　1988）
朝日新聞社編　　朝日新聞100年の記事に見る○7（スポーツ人物誌 1997）
友添秀則、近藤良享　　スポーツ倫理を問う（大修館書店　2000）
岸野雄三、成田十次郎、大場一義、稲垣正浩編　　近代体育スポーツ年表（大修館書店　1973）
岸野雄三、成田十次郎、大場一義、稲垣正浩編　　近代体育スポーツ年表（大修館書店　1999）
岸野雄三、成田十次郎、山本徳郎、稲垣正浩編　　体育・スポーツ人物思想史（不昧堂　1979）
矢田俊隆　　ハンガリー、チェコスロヴァキア現代史（山川出版社　1978）
薩摩秀登編　　チェコとスロヴァキアを知るために（明石書店　2003）
福田宏　　身体の国民化　多極化するチェコ社会と体操運動（北海道大学出版会　2006）
木下東作・東龍太郎　　健康増進叢書　強壮篇（大阪毎日新聞社・東京日日新聞社　1921）
木下東作　　健康増進叢書　鍛錬篇（大阪毎日新聞社、東京日日新聞社　1921）
林良齊　　體育論（寶文館　1922）
林良齊　　女性美（寶文館　1929）
文部省編纂　　欧米青少年運動の精神と実際（（財）社会教育会　1931）
日本女子大学女子教育研究所編　　大正の女子教育（国土社　1975）
村上信彦　　大正期の職業婦人（ドメス出版　1983）
上野千鶴子　　ナショナリズムとジェンダー（青土社　1998）
姜尚中　　ナショナリズム（岩波書店　2001）
オリヴァー・ジマー　　福井憲彦（訳）　ナショナリズム1890-1940（岩波書店　2009）
森川貞夫　　人見文庫目録（1984）
柴田一、太田健一　　岡山県の百年　県民100年史（山川出版社　1986）
岡山県立操山高校　　「創立100年史」（岡山県立操山高校　1999年・平成11）

● 新書・文庫
倉田百三　　青春をいかに生きるか（角川文庫　1953）
水田珠枝　　女性解放思想の歩み（岩波新書　1973）
武田龍大　　物語北欧の歴史（中公新書　1983）
川合隼雄　　母性社会日本の病理（講談社α文庫　1997）

松尾尊兊　　大正デモクラシー（岩波現代文庫　2001）
薩摩秀登　　物語チェコの歴史（中公新書　2006）
成田龍一　　大正デモクラシー　シリーズ日本近現代史4（岩波新書　2007）
岩波新書編集部編　　日本の近現代史をどう見るか　シリーズ日本近現代史10
　（岩波書店　2011）

● 岩波ブックレット
大岡昇平・丸岡秀子　平塚らいちょうと日本の近代　No. 67　1986
鈴木裕子　昭和の女性史　No. 132　1989
バーツラフ・ハベル　ビロード革命のこころ　チェコスロバキア大統領は訴える
　No. 158　1990

● 雑誌関係
「体育と競技」誌（体育学会編集　目黒書店）
　（第1巻）1922年
　　I.K生　第1回連合競技会　第1巻5号7月号
　　木下東作　　社会体育の振興策　6号
　　文部省学校衛生課　小野寺水蔵　女子競技の趨勢　8号
　　体育学会主事　数川与五郎　　体育の理想主義－体育の根拠としての行為の
　　哲学　8号
　　文部省学校衛生課　下閏作吉　女学校体育の欠陥（連続2回）　10－11号
　（第2巻）1923年
　　金栗四三　　女学生の体育指導はこうして　3号
　　文部省学校衛生課　小野寺水蔵　　女子への競技は如何すればよいか－女子
　　競技を概説してその注意に及ぶ　3号
　　埼玉県体育主事　中島　海　　婦人の体育
　　浦部亀雄　　婦人選手のために　7号
　（第3巻）1924年
　　兵庫県御影師範学校訓導　大西　要　　体育哲学と体育学　10－11号
　　森梯次郎　　女子に如何なる競技を課すべきか　10号
　（第4巻）1925年
　　安川伊三　　民衆体育の揺籃としての学校体育　3号
　　安田弘嗣　　女子の競技運動批判　7号
　　富田彦二郎　　女子競技の価値と摘要（その二）　11号
　（第5巻）1926年
　　富田彦二郎　　女性の美と健康　1号
　　下閏芳克　　遊戯は文化の弊害を救済す　2号
　　野口源三郎　　女子競技運動と其の是否　3号
　　藪川与五郎　　明治神宮競技会に対する文部省の反対　8号

記名なし12号巻頭　　　スポーツ界異常の進歩　12号
　　野口源三郎　　　神宮競技問題の一考察　12号
　　下津屋俊夫　　瑞典体操の始祖リングと現代体育
（第6巻）　1927年
　　野口源三郎　　　新加された国際オリンピック女子競技の批判
　　記　者　　　　　藤村女史の女子体操音学学校
　　正畑隼之　　岡山県邑久郡体育に概要　　正畑隼之　岡山県邑久郡体育に概要　5号
　　中島　海　　婦人の姿勢　7号
　　K.S生　　　万国オリンピック女子陸上競技　8号
（第8巻）　1929年
　　佐藤信一　　女子競技の一参考　3号
　　小笠原道生　　女子体育私見　5号
　　藤村トヨ　　体育上より見たる競技　7号
　　佐々木等　　婦人の理想的美の建設へ　8号
　　古谷末松　　女子体育指導の体験より　11号
（第9巻）　1930年
　　中島　海　　性的典型について　1号
　　人見絹枝　　女子の陸上競技　1号
　　中島　海　　閑却せられたる女性の教育　2号
　　サム・ハービー　村山正明訳　　ソヴィエト・ロシアにおける体育運動3号
（第10巻）　1931年
　　巻頭言　　男性の女性化を悲む
　　竹内　一　　スポーツマンシップとは何ぞや　8号
　　村瀬長孝　　人見絹枝の死に直面して　9号
　　野口源三郎　　人見嬢の死とスポーツ　9号
　　前川峯雄抄訳　　英国文化の生産せるスポーツ　10号
　　フリッツ・シンメル博士　郷本元二訳　　肉体美の本質について　12号
（第11巻）　1932年
　　二宮文右衛門　　学校体育の統制と堅実なる体育の進展　1号
　　鈴木菊雄　　再び「競技の本質」について　＝統一性＝　1号
　　前川峯雄　　体育における「システム」における多面的性質　2号
　　佐藤三郎　　教育上より見たスポーツの価値と指導（一～二）　5～6号
　　佐々木等　　最近の世相と体育観　7号
　　白　黎生　　オリンピックの炬火を東洋へ　8号
　　前川峯雄　　体育における努力と興味の問題　8号
　　佐藤卯吉　　オリンピックと愛国心　9号
　　佐藤三郎　　教育上より見たるスポーツの真価とその指導　9号
　　佐藤卯吉　　（巻頭言）国家非常時に際して　10号

村田忠一　　国家意識と体育　10号
野口源三郎　　日本選手のスポーツマンシップ　11号
畠山花蔵　　国難打開と社会体育の振興　12号
川本信正　　スポーツとジャーナリズム　12号
村地長葉　　女子とスポーツ　12号
高田通　　スポーツと女性　12号
（第12巻）1933年
村山正明　　チェコスロヴァキアにおける体育　1号
巻頭言　　女教員の服装問題　6号
今村嘉雄　　女性体育の基礎としての表現体操　12号

● 「スポーツマン」誌（中央運動社　1922年創刊）
なんよう　　日本女子オリンピックの回顧　1925　4号
高瀬養　　再び神宮競技会問題について　1926　5巻7号
人見絹枝　　二階堂女塾の頃　6巻1号
荒神清　　女流選手のいましめ（テニス、水泳、ゴルフ）　1927　6巻2号
人見絹枝　　歩みの跡　1927　6巻7号
人見絹枝　　"私の母"　始めは随分叱られた　今では立派なファン　6巻8号
人見絹枝　　関西中学校陸上競技選手権大会を見る　7巻5号
人見絹枝　　欧州転戦記（一）〜（三）　7巻9号〜10号、8巻1号
人見絹枝　　美吉野に咲く女子オリンピック大会　8巻6号
人見絹枝　　ハワイに遠征する諸嬢への餞け［水泳選手に対して記者としての記事］　1929　8巻8号
谷三三五　　第2回万国大会を控えた　日本女子陸上競技界　9巻1号
木下東作　　スポーツと列国　1930　9巻3号
著者未記入　　スポーツ往来　同上
飛鳥さくら　　海の彼方にいざ乙女子よ　女子スポーツの大躍進　万国女子オリンピック派遣選手決まる　1930　9巻5号
人見絹枝　　喜び溢れて　同上
人見絹枝　　プラーグ派遣女子選手　美吉野合宿練習日記　9巻6号
人見絹枝　　4年間の思い出（続）　瑞典からプラーグの大会まで　9巻6号
人見絹枝　　プラーグにおける　日本選手の陣容　9巻7号

● 「アスレチックス」誌（大日本体育協会　1922年創刊）
人見絹枝　　シベリヤ鐵道と露国競技界　1928　6巻8号
RYOMA　　女子オリンピック大会を中心に　1928　7巻6号
　　　　人見絹枝嬢まいる車　7巻8号
小橋一太（文部大臣）　体育と国運　7巻12号
J・S・エドストローム（IAAF会長）　国際オリンピック競技について　7

巻12号、8巻1,2号

● 「陸上競技」誌（一成社　1928年創刊）
野口源三郎　　オリンピックにおける女子競技の進出　1929　2巻2号
高田　通　　　第5回女子体育大会の陸上競技を観る　2巻2号
弘田親輔　　　女子国際競技の沿革　2巻4号
人見絹枝　　　心は燃ゆるプラーグへ　2巻6号
人見絹枝　　　よろこび　2巻7号
保坂高雄　　　婦人競技者と分娩　2巻7号
人見絹枝　　　走幅跳　2巻8号
とほる生　　　女子体育の本山を訪ねて　2巻7号
人見絹枝　　　走幅跳　2巻10号
人見絹枝　　　プラーグの聯想　2巻12号
人見絹枝　　　女子競技百題（一）―競技と摂生他　3巻1号
人見絹枝　　　女子競技百題（二）―女子競技と服装　3巻2号
人見絹枝　　　走幅跳の研究（三）―　3巻3号
人見絹枝　　　女子競技百題（三）―女子選手の競技生命　3巻4号
人見絹枝　　　女子競技百題（四）―選手とコーチ　3巻4号
人見絹枝　　　女子競技百題（五）―女子競技と新聞記事　3巻5号
人見絹枝　　　女子競技百題（六）―性による運動特性　3巻6号
競技会情報　　女子オリンピックに行く誉の五嬢決定　1930　3巻6号
世界女子オリンピック選手の日程　　同　上
陸上競技研究会　　本会役員　一顧問15名、委員及び賛助員229名（人見絹枝含）　同　上
人見絹枝　　　美吉野だより　3巻7号
人見絹枝　　　プラーグ遠征記　3巻8号
吉岡隆徳　　　欧州遠征記　3巻9号
編集部　　　　国際女子オリンピック大会　3巻10号
Ｆ・Ａ・Ｍ・ウエブスター　　日本女子選手一行を迎えて　3巻12号
人見絹枝　　　三度欧州に遠征して　4巻1号
とほる生　　　欧州遠征後の人見さんを訪ふ　4巻2号
公認陸上競技日本記録　　全日本陸上競技連盟発表［昭和6年1月現在］　1931　4巻2号
全日本陸上競技連盟　　昭和5年度陸上競技20傑（女子の部）　4巻4号
本城ハツ、濱崎千代　　日本女子オリンピックの印象　4巻7号
二村忠臣　　　故人見絹枝嬢の霊前に捧ぐ　4巻9号
高田　通　　　エポックメーカーとしての人見さん　4巻10号
木下東作　　　逝る同志　人見絹枝比買命を懐う　　同　上
野徳太郎　　　私の人見さんに対する思い出　　同　上

井尻忠雄　　　人見さんならでは　　　同　上
木内　清　　　第6回明治神宮体育大会兼第18回全日本陸上選手権大会　女子競技　4巻10号
弘田親輔　　　偶感録　1932　5巻2号
陸上競技研究会製作映画　　「人見絹枝」梗概　5巻2号
全日本陸上競技連盟　　　1932 公認陸上競技20傑　5巻4号
峰岸一郎　　　オリンピック　合宿のぞき　女子選手の部　5巻8号
伊佐山敬二　　オリンピック派遣選手　送別競技大会　5巻8号
編集部　　日本代表選手　―　年齢身長体重調べ　5巻9号

● 「[アサヒスポーツ]」（THE ASAHI SPORTS）
　渡邊文吉　　　世界記録を破った人見嬢　1928第6巻10号
　森田俊彦　　　わが陸上競技会を代表して　渡欧する名誉の十選手　第6巻11号

● 「運動界」誌　　1897年創刊
　「運動界」誌　記者　　　運動の目的　1899　第3巻第6号
　ＭＲ投　　体育に就いて　1900　第4巻第1号
　虎　熊子　　　日本体育会　1900　第4巻第3号

● 「女学世界」誌　　1923年創刊
　平尾光子　　　家事と体操　　第1巻14号
　石黒定美　　　婦人労働の罪過　第1巻14号
　上田万年　　　女子の手に帰すべき職業　第2巻3号
　江湖生　　　婦人と職業　第2巻10号、11号、13号
　菅原白峰　　　日本婦人と西洋婦人　第2巻13号

● 「女性體育」誌　　1931年創刊
　藤村トヨ　　　日本女子感激せよ　第1巻1号（創刊号）
　高橋キヤウ　　日本女性と體育　第1巻1号　同　上
　中谷重治　　　體育の国家的強制と女性における社会體育　第1巻1号　同　上
　人見絹枝　　　あゆみ來し道　第1巻1号　同　上

● その他の雑誌、冊子他
　人見絹枝　　　女は所詮女　　改造誌　1927年2月号
　人見絹枝　　　私はいつ結婚　婦人サロン誌　1931年5月号
　PAUL・VIALAR　丹羽一彌訳　　花絆　1976年4月」
　田中ひかる　　人見絹枝関係　月刊ウィラーン（日本女性学習財団発行）
　　2018年6～8月号

● **新聞（朝日、毎日、読売の各新聞社連載記事）**

産経新聞　　おんなの史跡　－人見絹枝－　1984.1.4～3.14（毎週水掲載）
東奥日報社　　死後も続く友情物語　一緒の墓に入りたい　2001.9.26
山陽新聞　　強く生きよ　－人見絹枝17歳の日記から－　2005.7.1～7.3
毎日新聞　　小笠原敦子「スパイクとペンの軌跡、人見絹枝生誕100年」
2007.1.4～1.30

● **論　文**

油野利博　　人見絹枝考　鳥取大学教育学部研究報告　1974
三澤光男　　人見絹枝考　日本女子体育大学紀要　1975　第5
高坂美枝子・赤坂美月　　人見絹枝研究　神戸女学院短期大学紀要　1982　第5巻
曽我芳枝　　女性とスポーツの過去と未来　－1020～1930年代の女性とスポーツを中心に
西村絢子　　二階堂トクヨの体育観　体育史　1977
同　上　　身階堂トクヨの師マダム・オスターバーグの生涯とその女子体育思想　1978
功刀俊雄　　チェコスロバキア人民スポーツ運動における「スポーツ・フォア・オール」のスローガン（成田十次郎先生退官記念会編 不昧堂出版　1996）
來田享子　　アムステルダム大会への女子陸上競技採用後決定直後のFSFIの主張：FSFIとIOCの往復書簡の検討から　体育学研究　1998　第43巻第2号
同　上　　オリンピック大会への女性の参加をめぐる1928～1932年のIOCとIAAFの見解
　第51回体育学会大会号　2000
同　上　　「国際女子スポーツ連盟の消滅と女子陸上競技組織の改編　日本とイギリスの場合　体育史研究　2000　17号
同　上　　FSFI統制期間としての国際委員会に関する歴史的検討：1930年4月22日付FSF
国際委員会議事録の分析を中心に　中京大学体育研究所紀要　2001
三澤光男　　競技者人見絹枝の短歌歴　日本女子体育大学紀要　2001　第31号
同　上　　人見絹枝の講演・講習会活動　日本女性スポーツ発展への貢献　体育学研究　第19号
同　上　　短歌からみた人見絹枝の人生　2008以降？
岡尾恵市　　近代女子陸上競技組織成立の過程と女子陸上競技種目設定過程の研究　1999
同　上　　近代女子陸上競技設立の過程　－1928年「アムステルダム五輪」以降第二次世界大戦中に至る世界女子陸上競技の動向　立命館文学　536

号 1994

●外国の文献

Andere Drevon ALICE MILLIAT LA PASIONARIA DU SPORT FEMININ VUIBERT 2005.

Jirka Jan a kol Mala encyklopedie atletiky Praha, Olympia, 1990

F.A.M. Webster ATHLETICS OF TO-DAY FOR WOMEN Frederidk Warne & Co. Ltd 1830

Nedobity Karel Zenska atletika Budejovice, Nakladatelstvi, CAT,1944

Jirka Jan a kol Sto let kralovny Ceska atletika sro,naklandatelstvi Iresi 1997

以　　上

あとがき

　人見絹枝は今からおおよそ90年近く前の1931年（昭和6）8月2日、24歳という若さで亡くなった。人見はスポーツ界において偉大な業績を残し、女子陸上競技の先駆けとしての指導者でもあった。あまりにも若すぎるその死は、今なお多くの人にとって単なる悲劇として捉えられてきている。しかしそれは人見自身から見たら、悲劇であるといえるが後に続く多くの女性にとって、その生涯を先輩として読み解くならば、永遠に続く女性としての課題を未来にさし示し、光を与えてくれているものといえる。その心は現在もなお生きているのだ。

　彼女が世界記録を打ち立てるようになると、スポーツ選手としてどのような選手であるべきかを考えた結果、それは女子陸上競技の発展に尽くすことであった。その発展は自身の過去の経験から指導者・コーチを求めたことが蘇り、それが女子指導者コーチの育成と組織を作ることの緊急な課題となっていった。優秀な女子指導者が女子選手の特徴や特性を見つけ、如何に伸ばすかを共に追求し、男性指導者とも協力しながら選手のための組織を考えていたように思われる。当時としてはかなり難しい課題であった。病を乗り越えて課題をすすめる気迫で闘っていたが、やはり病には勝てなかった。しかし、彼女が尽力した課題はいまもなお生きていて、多くの人に支持されている。陸上競技を目指す女子選手がいる限り、後に続く女子が男子と協力して成し遂げていくという、人見が提唱した課題は明るい未来を期待できる道であろう。これからの人たちの努力へ

の期待が大きく膨らむのである。

　そして、目的は競技の1番ではなく人間のもてる能力、自己の最高記録を超えて、さらに上を目指しベストを尽くすこと。最終目標は世界記録を目指す高いレベルに向かう気迫のある努力であり、それはアスリートたちにとって今後も永遠に存在する。

　人見絹江は、命のある限り全力を傾注し、何事にも真面目に努力した。本書はそれゆえ「不滅のランナー　人見絹枝」とした。

　この書の筆を擱くにあたって、紙面の都合上果たせ得なかった二つの事柄を簡単に触れさせていただきたい。

　世界の女子陸上界では、国際オリンピックに女子が参加できるかどうかという問題に直面した年（1925年5月）にプラハで1週間、オリンピック教育国際会議が開催された。NOC委員長のクーベルタンによりオリンピックへの参加を世界の国々にすすめ、9回を迎えるまでになった期間、選手や委員、周囲の環境変化など、発展を妨げる問題が生まれてきて、理想とすべき方向が妨げられないよう討議しようとのねらいであった。6議題が提議され、その一つにオリンピックへの「女性の参加」があった。女子の参加が認められることになったのは、この討議で男性の女性観が何らかの影響があったと感じられる。この分科会には約30名が参加（女子1名含む）、日本からは佐久間政一第二高等学校教授（現、東北大）が参加されたが報告書は残されていない（本人の発言）。討議についての内容や彼の意見が聞けなかったのは残念である。この時期、人見選手は二階堂体操塾を卒業し京都で教員をしていた時であり、海外遠征

などはまだ想像もつかない時代であった。が、世界の女子陸上競技界は、既にオリンピックにおける女子参加問題で熾烈な戦いを展開していた。これら FSFI 会長アリス・ミリア夫人の歴史的活動を知った人見は、夫人を深く尊敬して心からの応援を続けていたのである。

　もう一つの事柄は、人見が新聞記者になってから大毎新聞社命で張学良と会見を行うこととなった。それは 1928 年オリンピックから帰国後、ドイツ選手団を日本陸上競技連盟が招待して、東京・朝鮮・満州と転戦し、人見もこれに同行した。朝鮮大会で人見は 100m で 12 秒 0、走幅跳で 6m75 の世界新記録を誕生させた。人見以外の選手も棒高跳、走幅跳、走り高跳に驚異的な記録を続出させ、日本の競技界は珍しく活気に満ちていた。満州に入り奉天で政治家・軍人である張学良と会見することになった。人見はスポーツ界以外の人と会見するのは初めてであり、相手が国際的な大物であることから緊張し身震いさえ感じたという。会見内容は人見についての記録、健康、体格についての質問が集中し、人見は置いてあった大カップのこと、健康のことなどを話すのが精一杯であった。張学良は、東洋の女性のために気を吐く人見の話に常に感謝していると述べ、またスポーツを通じて今後ますます日本と支那両国の女子が結ばれることを祈っているという言葉もあった。会見の内容は日常の会話であり、新聞社へはありのままを報告したが、記事にはならずそのままになってしまった。人見の周辺には様々な国際的な状況があり、鋭い感性のもとに慎重で思慮深く行動する必要性が求められる時代のただ中にいたといえる。

　最後に、この出版に至るまで 10 年にわたる長い期間、国内

外の多くの方々のご支援とご協力をいただいた。スウェーデン資料は、イエテボリスポーツ博物館ハンス・エルベル氏に、チェコでは、文献資料収集とその翻訳や通訳として多大なご協力とお世話になった京都大学カレル・シュワドレンカ理学博士、彼の母上マリエ・シュワドレンコヴァー女史、プラハ博物館哲学博士イトカ・スクートヴァー女史、元チェコ陸上競技連盟会長カレル・ピルニー氏、チェコ陸上競技の生き字引と称されるヤン・イルカ博士、映画女監督(原爆ドーム建設ドキュメンタリー制作)オルガ・ストラスコヴァー女史など大勢の方にお世話になった。国内では、日本女子体育大学名誉教授故三澤光男氏、鳥取大学名誉教授で元鳥取県スポーツ協会長油野利博氏、元毎日新聞社運動部部長玉置通夫氏、立命館大学名誉教授岡尾恵市氏、共同通信社スポーツ企画室委員船原勝英氏、さらに右文書院三武義彦社長からは出版に至る過程において温かい支援と激励の言葉を、他関係各位にも多大なご協力をいただいた。特に最後まで温かく見守ってくださった人見絹枝選手の姪、西美知子さんにも心からお礼を申し上げ、皆様に感謝の念を捧げたい。

2018年8月　盛夏

田　中　良　子

著者略歴

田中良子（たなか よしこ）
1936年　東京に生まれる
1955年　都立西高等学校卒
1959年　東京教育大学　体育学部卒
1960～2001年　法政大学・法政女子高等学校　教員
1983～2002年　国際陸上競技連盟、アジア陸上競技協会、日本陸上競技連盟
　　　　　　　（各女子委員）日本学生陸上競技連合（女子委員長）
　（活動）　第4回アジア陸上選手権大会（日本選手団マネージャー）
　　　　　　第7回世界室内陸上大会（選手村副村長）
　　　　　　第1回、2回、アジア女子陸上競技シンポジウム開催基調報告
　　　　　　「21世紀に向けてアジアの女子陸上競技発展の課題と探究」
　　　　　　「アジアの女子陸上競技のネットワークづくり」
　　　　　　1964年　東京オリンピック招致運動協力（女子選手村委員協力）
　　　　　　1995年　第1回～6回大学国際女子駅伝セミナー開催（ラジオ実況解説）
　　　　　　2000～2009年　女子マラソンを励ます会（ボランティア活動）
　（学会）　体育学会論文発表（1983～89）
　　　　　　「ソ連の身体の文化理論の確立をめざす三つの系譜」、
　　　　　　「身体文化の概念規定」など
現　　在　　日本スポーツとジェンダー学会（会員）
著　　書　　『ソ連の体育システム　理論と実践』
　　　　　　（C.ククシキン編共訳　プログレス出版　1984）
　　　　　　『現代体育・スポーツ体系5　学校体育・スポーツ』（共著　講談社　1984）

不滅のランナー　人見絹枝

2018年10月 1 日　印刷
2018年10月10日　発行
著　者　田中良子
装　幀　クリエイティブ・コンセプト
発行者　三武義彦
発行所　株式会社右文書院
　　　　郵便番号101-0062
　　　　東京都千代田区神田駿河台1-5-6
　　　　tel. 03-3292-0460　fax. 03-3292-0424
　　　　http://www.yubun-shoin.co.jp/
　　　　mail@yubun-syoin.co.jp

　　　印刷・製本　株式会社文化印刷
　　　郵便番号027-0037　岩手県宮古市松山5-13-6

＊印刷・製本には万全の意を用いておりますが、万一、落丁や乱丁などの不良本が出来いたしました場合には、送料弊社負担にて、責任をもってお取り替えさせていただきます。

ISBN978-4-8421-0792-9 C0075